Bibelauslegung praktisch

„Man kann die Heilige Schrift nicht lesen wie die tägliche Zeitung. Sie ist wie ein Bergwerk. Man muss mühsam in ihre Schächte hinabsteigen, um ihre Goldader anzuschlagen.

Adolf Schlatter (1852–1938)

Helge Stadelmann/Thomas Richter

Bibelauslegung praktisch

In zehn Schritten den Text verstehen

SCM
R.Brockhaus

SCM

Stiftung Christliche Medien

SCM R.Brockhaus ist ein Imprint der SCM Verlagsgruppe,
die zur Stiftung Christliche Medien gehört, einer gemeinnützigen
Stiftung, die sich für die Förderung und Verbreitung christlicher
Bücher, Zeitschriften, Filme und Musik einsetzt.

MIX
Papier | Fördert gute Waldnutzung
FSC® C014496
FSC www.fsc.org

1. Auflage 2024 - 12. Gesamtauflage
(Erschien zuletzt 2021 unter der Bestell-Nr. 224.651)

Max-Eyth-Straße 41 · 71088 Holzgerlingen
Internet: www.scm-brockhaus.de; E-Mail: info@scm-brockhaus.de

Umschlaggestaltung: Kathrin Spiegelberg, www.spika-design.de
Titelbild: Studierender: freepik.com, drobotdean;
Bibel: shutterstock.com, Madeleine R
Satz: Christoph Möller, Hattingen
Druck und Bindung: GGP Media GmbH, Pößneck
Gedruckt in Deutschland
ISBN 978-3-417-24188-4
Bestell-Nr. 224.188

INHALT

Vorwort 9

TEIL 1
EINFÜHRUNG IN DIE SCHRIFT- UND TEXTGEMÄSSE AUSLEGUNG DER BIBEL 13

Die Bibel schrift- und textgemäß auslegen 13
Gottes Reden ernst nehmen 14
Was bedeutet der Text ursprünglich? 16
Was bedeutet der Text für die Gegenwart und Zukunft? 18
Voraussetzungen für eine schrift- und textgemäße Auslegung der Bibel 20
Auslegung und Anwendung der Bibel im Überblick 25

TEIL 2
ZEHN SCHRITTE ZU EINER SCHRIFT- UND TEXTGEMÄSSEN AUSLEGUNG DER BIBEL 29

Einführung in die 10-Schritt-Methode 31
Die 10-Schritt-Methode im Überblick 33

Der Überblick: Lesen, was da steht
Den »Schatzplan« studieren – »Stolpersteine« markieren 37

Schritt 1: *Mit dem Text vertraut werden* 37
(1) Die Texteinheit mehrmals in Übersetzungen lesen 38
(2) Den Gedankengang der Texteinheit aufnehmen 42
a) Die Frage nach dem Hauptgedanken 42
b) Die Frage nach dem roten Faden 44
(3) Die »Stolpersteine« markieren 45

Der Einblick: Merken, worum es geht
Die »Schatzsuche« beginnen – »Stolpersteine« wegräumen 49

Schritt 2: *Die Textbasis feststellen* 51
(1) Einen Übersetzungsvergleich der Texteinheit durchführen 53
a) Das Problem der Textvarianten 54
b) Das Problem der Übersetzungsweisen 57
c) Weitere Textprobleme 60
(2) Die Textbasis für die Auslegung festlegen 62

Schritt 3: *Die ursprüngliche Kommunikationssituation klären* 65
(1) Die literarische Abfassungssituation der Texteinheit betrachten 67
a) Wer ist der Verfasser der Texteinheit? 68
b) Wo wurde die Texteinheit verfasst? 69
c) Wann wurde die Texteinheit verfasst? 70
d) Für wen wurde die Texteinheit verfasst? 72
e) Aus welchem Anlass und mit welchem Ziel wurde die Texteinheit verfasst? 73
(2) Die geschichtlich-kulturelle Abfassungssituation der Texteinheit betrachten 74
(3) Die geografische Abfassungssituation der Texteinheit betrachten 76

Schritt 4: *Den Zusammenhang der Texteinheit erfassen* 79
(1) Die Einbettung der Texteinheit im Buchkontext feststellen 80
(2) Die Funktion der Texteinheit im Abschnittskontext ermitteln 81
(3) Die Abgrenzung der Texteinheit vornehmen 82
(4) Die parallelen Texte zur Texteinheit beachten 85
(5) Die Harmonisierung der Texteinheit im Schriftkontext erwägen 86

Schritt 5: *Die Textart der Texteinheit untersuchen* 90
(1) Die Literaturgattung der Texteinheit bestimmen 92
a) Alttestamentliche Literaturgattungen 93
b) Neutestamentliche Literaturgattungen 100
(2) Die Literaturformen der Texteinheit bestimmen 102
a) Alttestamentliche Literaturformen 102
b) Neutestamentliche Literaturformen 105
(3) Die Stilfiguren der Texteinheit auflösen 117

Schritt 6: *Die Begriffe und ihre Verbindung in der Texteinheit erkennen* 127
(1) Die Wörter der Texteinheit wägen 129
(2) Die Sätze der Texteinheit analysieren 135

Schritt 7: *Den Gedankengang der Texteinheit entfalten* 139
(1) Das Textschaubild anfertigen 140
(2) Die Struktur der Texteinheit entfalten 144

Schritt 8: *Lehrfragen der Texteinheit beantworten* 147
(1) Die gesamtbiblisch-theologische Betrachtung 148
(2) Die systematisch-theologische Betrachtung 150

Der Ausblick: Sagen, wo es hingeht
Den »Schatz« heben –
»Stolpersteine« werden zu Bausteinen 154

Schritt 9: *Die Aussage der Texteinheit präzise zusammenfassen* ... 155
(1) Das Textthema formulieren 156
(2) Die Textgliederung erstellen 161

Schritt 10: *Sich der Bedeutung der Texteinheit für heute stellen* .. 166
(1) Den eigenen heilsgeschichtlichen Standort vergegenwärtigen 169
(2) Den heilsgeschichtlichen Standort der Texteinheit wahrnehmen 170

a) Unterschiedliche heilsgeschichtliche Ereignisse beachten 170
b) Unterschiedliche heilsgeschichtliche Zeitalter beachten 171
c) Unterschiedliche heilsgeschichtliche Körperschaften beachten 171
d) Unterschiedliche heilsgeschichtliche Bundesschlüsse beachten 172
e) Unterschiedliche heilsgeschichtliche Linien beachten 172
(3) Die Texteinheit vor dem Hintergrund der fortschreitenden Offenbarung einordnen 175
(4) Die heilsgeschichtlich relevante Anwendung für die Gegenwart entdecken 176
(5) Die Anwendung der Texteinheit vornehmen 178

Hinweise zur schriftlichen Ausarbeitung einer schrift- und textgemäßen Exegese mit Hilfe der 10-Schritt-Methode 183

Anhang:
Zeitbedarf für die praktische Bibelauslegung nach der 10-Schritt-Methode 187
Überblick über wichtige Hilfsmittel für die praktische Bibelauslegung mit Hilfe der 10-Schritt-Methode 189

VORWORT

Autofahren ist eine verantwortungsvolle Sache. Da kann viel passieren. Und Autofahren lernen ist nicht leicht. Erinnern wir uns an unsere erste Fahrstunde: Einsteigen, die richtige Sitz- und Spiegelposition finden, Kupplung treten, Gang einlegen, vorsichtig Gas geben, Kupplung kommen lassen und die Handbremse lösen – und, o weh, schon wieder ist der Motor abgewürgt! Und dann, ein paar Fahrstunden später, das Ganze nochmals rückwärts beim Einparken am Berg ... Da möchte mancher verzweifeln, sich den ganzen Frust sparen. Aber eben: Autofahren macht auch Spaß, wenn man es kann. Es hilft ungemein im praktischen Leben. Nur, weil es so eine verantwortungsvolle Sache ist, geht es eben nicht ohne Lernschritte. Deshalb heißt es üben, üben, üben.

Bibel auslegen ist eine verantwortungsvolle Sache. Da kann viel passieren. Da kann Gottes Wort verdreht oder verwässert werden, ganze Gemeinden in eine falsche Richtung gewiesen werden. Und es kann passieren, dass im Hauskreis, bei der Jugendstundenandacht oder bei der Predigt dann zwar »Bibelarbeit« bzw. »Auslegung der Heiligen Schrift« draufsteht, aber nur subjektive Einfälle und persönliche Meinungen des »Auslegers« drin sind! Wenn die Aussagen der Bibel das Fundament für die entscheidenden Situationen des Lebens sind (Mt 7,24ff), wenn vom richtigen oder falschen Umgang mit der Heiligen Schrift ganz wesentlich Gottes Urteil über mein Leben abhängt (2Petr 3,16), dann lohnt es sich zu lernen, die Bibel sachgemäß auszulegen. Nur, Bibel auslegen ist nicht leicht. Um an die Schätze biblischer – und damit göttlicher – Aussagen und Zusagen zu kommen, lohnt es sich, »graben« zu lernen. Das ist wie in der Fahrschule: Anfangs wirkt alles etwas mühsam. Die einzelnen Auslegungsschritte wirken kompliziert. Man möchte sich das Üben sparen, sucht den schnellen Weg zum einfachen Ergebnis. Wer hier die Abkürzung nimmt, wird wohl immer flach in seinem Bibelverständnis bleiben. Und möglicherweise wird er mit falschen Ergebnissen sich und andere gefährden.

Gründlich die Bibel auszulegen lohnt sich. Geistliches Wachstum kommt nicht durch emotionale Stimmungsmache. Geistliches Wachstum, ganz persönlich wie auch für die Gemeinde, kommt durch Gottes Wort. Da gibt Gott uns Einblicke in seine Gedanken, Gaben und Gebote. Da deckt er uns den Tisch, damit es zu geistlich gesunder Ernährung kommt. Am ausgelegten Wort Gottes entsteht der Glaube – und alles, was Gott schenkt, kommt nur durch den Glauben. Durch das recht ausgelegte Wort wirkt der Heilige Geist, der dieses Wort einmal inspiriert hat. Und wo das Wort Gottes verdreht oder vernachlässigt wird, wird der Heilige Geist betrübt. Es lohnt sich, die Bibel zutreffend auslegen zu lernen.

Das vorliegende Buch will eine kleine Schule der Bibelauslegung sein. Die 10-Schritt-Methode ist eine Seh-Schule, die bei der Bibelauslegung Sehen lehrt, was der Text tatsächlich sagt. Wer diese Schritte immer wieder geht, hat am Ende das Sehen beim Bibellesen gelernt. Geübte Bibelleser entwickeln einen Blick für das, was da steht. Wer oft genug geübt hat, braucht gar nicht mehr sehr lang, um einen Bibeltext zutreffend auszulegen. Dahin zu kommen lohnt sich – für das eigene Bibelstudium und für die Vorbereitung zur Bibelarbeit mit anderen.

Das Buch ist allgemein verständlich geschrieben. Es ist als persönliches Lernmittel geeignet, aber auch für Bibelschulen und Seminare. Selbst der Theologiestudent wird Gewinn davon haben, wenn er die ersten Schritte der Schriftauslegung am gewohnten deutschen Text üben kann, bevor er später mühsame exegetische Methodenschritte am griechischen und hebräischen Text lernt. So mancher Praktiker bzw. Prediger hat überdies die gute Gewohnheit wieder vergessen, dass man einen Text durch gründliches Graben nach dem Sinn erst im Einzelnen für sich erarbeitet haben sollte, bevor man ihn anderen weitergibt. Da kann dieses Buch helfen, die Erinnerungen an exegetische Fertigkeiten wiederzubeleben. Die Gemeinde, der das zugute kommt, würde es ihm danken!

So wünschen wir uns Leser, die Freude an der Bibelarbeit haben. Jeder Abschnitt der 10-Schritt-Methode wird mit praktischen Aufgaben abgeschlossen. Die Lösungen dazu können über die Verlagsinformationen zu diesem Buch unter **https://www.scm-brockhaus.de/bibelauslegung-praktisch-7483791.html** unter »Extras« eingesehen werden.

Gießen/Waiblingen-Hegnach,
im August 2005 /April 2016 / Oktober 2021

Prof. Dr. Helge Stadelmann
Freie Theologische Hochschule
Gießen

Thomas Richter
BibelStudienKolleg
Ostfildern

TEIL 1

EINFÜHRUNG IN DIE SCHRIFT- UND TEXTGEMÄSSE AUSLEGUNG DER BIBEL

Die Frage, wie man die Bibel angemessenen und richtig verstehen kann, ist so alt wie die Bibel selbst. Wie legen wir die Bibel aus, wie verstehen wir sie, wie können andere sie verstehen (z.B. Apg 8,30)? Ausgehend von diesen Fragestellungen wollen wir im Folgenden einen Weg zu einer der Bibel angemessenen Auslegung aufzeigen, damit wir das Wort Gottes schrift- und textgemäß verstehen können. Schriftgemäß heißt dabei: Meine Auslegung stimmt insgesamt lehrmäßig mit der Heiligen Schrift überein. Textgemäß heißt: Meine Auslegung gibt erklärend genau das wieder, was der vorliegende Bibeltext sagt – nicht mehr und nicht weniger. Diese Unterscheidung ist wichtig. Denn es kann vorkommen, dass die vermeintliche Auslegung einer Bibelstelle zwar schriftgemäß ist, weil die Aussage mit der Lehre der Bibel übereinstimmt, dass sie aber nicht textgemäß ist, weil das, was der Ausleger an biblischen Gedanken in den Text hineinliest, eben nicht in der vorliegenden Bibelstelle steht. Auch so manche fromme Predigt ist zwar in einem allgemeinen Sinn schriftgemäß, aber nicht textgemäß.

Die Bibel schrift- und textgemäß auslegen

Die Bibel wurde als niedergelegtes Wort Gottes in menschlichen Sprachen und konkreten Geschichtszusammenhängen verfasst. Weil sie von Gott stammt, ist sie Offenbarungswort mit uneinschränkbarem Wahrheitsanspruch. Weil Gott durch sein Wort Glauben und Heil wirkt, hat die Bibel lebensverändernden Machtcharakter. Weil Gott sein Wort in menschlicher Sprache und in geschichtlichen Situationen gegeben hat, muss jede Auslegung der Bibel ihren geschichtlichen und literarischen Charakter berücksichtigen. Und weil Gott in menschlicher Sprache seine Wahrheit offenbart hat, muss jede sachgemäße Auslegung theologische Auslegung sein.[1]

Gottes Reden ernst nehmen

Die Bibel ist ein literarisches Werk. Daher erfordert ihr Verständnis exakte grammatisch-sprachliche Methoden. Als ein in geschichtliche Situationen hinein geschriebenes Buch, das zugleich viel von geschichtlichen Vorgängen berichtet, ruft sie nach historischen Arbeitsmethoden. Als Buch, das vom Einbruch der Offenbarungswirklichkeit Gottes in diese Welt berichtet und dabei beansprucht, wahres Wort Gottes zu sein, verlangt die Bibel vom Ausleger Offenheit für die Realität Gottes. Und wenn der Ausleger es mit dem lebendigen Gott und seinem Reden zu tun bekommt, ist die angemessene Haltung, dass er seine selbstherrliche menschliche Vernunft in demütigem Gehorsam unter dieses Wort beugt. Schließlich ruft der Anspruch, dass Gott durch die Bibel lebensverändernd wirken will, den Ausleger zu der Bereitschaft auf, sich dem Wort existenziell zu stellen und alle Arbeit an diesem Wort unter Gebet und in gehorsamer Hörbereitschaft zu tun.

Wer alle diese Punkte bejaht, spricht sich damit für angemessene Methoden bei der Auslegung der Bibel aus. Man könnte aber fragen: Ist all dieses Reden von Methoden nicht etwas, was nur den theologischen Fachmann angeht, wenn er sich »berufsmäßig« mit der Bibel beschäftigt? Kann der einfache Christ, dem die Bibel doch auch gegeben ist, das alles überhaupt leisten? Was hat er schon von literarischen, historischen und theologischen Methoden gehört? Ist für ihn nicht ein unmittelbarer, nicht an Regeln gebundener Umgang mit der Bibel zu fordern?

---

1 Die nachfolgenden Ausführungen stützen sich – grundlegend überarbeitet und stark gekürzt – auf das Kapitel »Prinzipien der Bibelinterpretation« in H. Stadelmann: *Grundlinien eines bibeltreuen Schriftverständnisses*. Wuppertal: R. Brockhaus, 1985 [3. Aufl. 1996] und auf Arbeitsmaterial des neutestamentlichen Proseminars von H. von Siebenthal an der FTH Gießen.

Wir wollen dazu grundsätzlich Folgendes bemerken: Der Umgang mit der Bibel darf nie der Willkür preisgegeben werden, weder der kritizistischen Willkür einer selbstherrlichen Vernunft noch der erbaulichen einer frommen Fantasie. Dem einfachen Christen, der die Bibel in einer deutschen Übersetzung liest, ist im Grunde die gleiche Aufgabe gestellt wie dem Ausleger, der mit dem Grundtext und entsprechenden Nachschlagewerken arbeitet. Jeweils geht es darum, dass die Bibel in ihrem Wortlaut und Zusammenhang verstanden und angenommen wird. Der von Gott offenbarte Wortlaut gilt für beide, und das durchaus anstrengende »Sinnen über dem Wort« (Ps 1,2) ist von beiden gefordert. So mag es verschiedene Ebenen hinsichtlich der Detailliertheit der Auslegungsarbeit geben, aber grundsätzlich ist jeder Leser und Ausleger der Bibel an den Wortlaut der Texteinheit gewiesen, den es im Zusammenhang in seiner eigentlichen Bedeutung zu verstehen gilt. Gerade der Glaube an die wörtliche Inspiration und göttliche Autorität der Bibel gebietet respektvolle Genauigkeit im Umgang mit ihrem Wortlaut.

Methoden stellen jeweils konkrete Einzelschritte auf dem Weg zu einer Sache dar; so auch die 10-Schritt-Methode. Sie können aber nur dann sinnvoll eingesetzt werden, wenn Klarheit über das Ziel dieses Weges herrscht. Von daher ist es für eine sinnvolle Auslegungsmethodik von großer Bedeutung, klar zu definieren, was eigentlich Aufgabe und Ziel der Auslegung der Bibel sein soll. Nach dem Selbstzeugnis der Bibel sind wir hier vor eine doppelte und doch in sich zusammengehörige Aufgabe gestellt (z.B. 2Kor 2,17; 1Thess 2,13; 2Tim 3,14-17; Jak 1,22-25), die wir nachfolgend erklären werden:

Einen Bibeltext schrift- und textgemäß auszulegen bedeutet:
1. Die ursprünglich von Gott intendierte Bedeutung der betreffenden Texteinheit in ihrem biblischen Zusammenhang zu erkennen und zu erklären.
2. Diesen Ausspruch Gottes in der Vergangenheit als Anspruch Gottes in der Gegenwart dem Menschen von heute zu veranschaulichen und als Zuspruch Gottes für die Zukunft anzuwenden.

Was bedeutet der Text ursprünglich?

Eigentlich sollte es ganz selbstverständlich sein, dass es jeder ernsthaft so zu nennenden Auslegung der Bibel um die Erklärung der ursprünglichen Textbedeutung gehen muss.[2] Die Frage nach der vom Autor beabsichtigten Bedeutung müsste im Vordergrund stehen. Tatsächlich aber ist dieser unumstößliche Grundsatz heute alles andere als selbstverständlich.

Das beginnt schon beim frommerbaulichen Umgang mit der Bibel. Beachtet man die gegenwärtigen Trends in den Andachtsbüchern und Materialien für Haus- und Bibelkreise, so ist festzustellen, dass die erste Frage oft lautet: »Was sagt dieses Wort mir?« Stattdessen sollte die erste Frage lauten: »Was sagt dieses Wort?« Die Frage nach der ursprünglich von Gott intendierten Bedeutung einer Bibelstelle gerät ins Hintertreffen gegenüber der Frage, was »mir« bzw. »uns« dieses Wort heute zu sagen hat. Man trägt dabei vage Erwartungen oder auch Fragen, die sich aus einer augenblicklichen Lebenssituation ergeben, an den Text heran und bezieht nun das, was man dort hört und liest, auf eben diesen Horizont. Die entscheidende Frage ist aber, ob der Text auf eben diese Situation tatsächlich antworten wollte oder an sich etwas ganz anderes zu sagen hätte. Bei solch einer subjektiven Bibellektüre wird das Wort Gottes aus dem Zentrum gerückt und seiner Würde beraubt. Dafür schiebt sich der fromme Mensch mit seinen Erwartungen an den Text in den Mittelpunkt. Die Gefahr wird bei diesem Ansatz übergroß, dass man den ersten erbaulichen Gedanken, der einem bei der Bibellese kommt, schon als persönliches »Wort Gottes an mich« ausgibt. Ob man die eigentliche, von Gott inspirierte Wortbedeutung dabei getroffen hat, ist bei dieser Art von Lotteriespiel fraglich. Die Bibel wird zu einer Art Meditationsgegenstand herabgewürdigt, an dem sich ganz subjektive und unterschiedliche Gedanken entzünden. Vielleicht sagt mir dieser Text dies, dem Nächsten das und dem Übernächsten noch etwas anderes. Die Bibel wird

2 Zur Auseinandersetzung mit der postmodernen Hermeneutik, die diesen Grundsatz weithin infrage stellt, siehe H. Stadelmann (Hg.), Den Sinn von Texten verstehen. Gießen: Brunnen, 2006.

so zu einem Andachtsorakel, das jeder nach seinem Belieben deutet. Der fromme Subjektivismus hat Einzug gehalten. Gott und seinem offenbarten Wort aber wird so die ihm gebührende Ehre und Würde versagt! Demgegenüber geht eine textgemäße Auslegung davon aus, dass Gott seine Gedanken im Wort der Heiligen Schrift in verständlicher sprachlicher Form offenbart hat. Für jeden, der mit diesem Wort umgeht, müsste es nun oberstes Anliegen sein, zunächst genau zu sehen und zu verstehen, was Gott gesagt hat und wie es gemeint ist. Erst danach kann das (recht verstandene!) Wort Gottes auch richtig angewendet werden. Genaue Auslegung muss der Anwendung prinzipiell vorangehen. Wer mit der Anwendung des Wortes beginnt, bevor er es text- und schriftgemäß ausgelegt und verstanden hat, zäumt das Pferd vom Schwanz her auf. Es geht um den Primat der Bibel in seiner ursprünglichen Bedeutung gegenüber den Erwartungen und Ideen auch des frommen Betrachters! Sonst betreibt man statt Exegese (Herauslesen des Sinnes aus der Texteinheit) nur noch Eisegese (Hineinlesen von Sinn in die Texteinheit) und bevormundet damit Gott! Der in frommen Kreisen gern zitierte Merksatz der Bibelauslegung: »Was sagt der Text für mich? – Was sagt der Text an sich? – Was sagt der Text für dich?«, ist in seiner Reihenfolge zwingend zu verändern. Er müsste vielmehr lauten:

a) Was sagt der Text an sich?
b) Was sagt der Text für uns (= mich und dich)?

Der Text sagt »mir« nichts anderes als das, was ich »anderen« weiterzugeben habe, nämlich den von Gott intendierten Sinn. Diese Bedeutung gilt es zu entdecken und text- sowie schriftgemäß zu übertragen. Wir fragen also immer zuerst: »Was sagt die Texteinheit?« – und lassen uns das, was sie tatsächlich sagt, dann auch gesagt sein (vgl. Apg 8,26-40).

Was bedeutet der Text für die Gegenwart und Zukunft?

Für denjenigen, der auf der Grundlage der ursprünglichen Textbedeutung nach der Gegenwartsbedeutung des Wortes Gottes fragt, ist die Auslegung der Bibel nicht nur ein nach rückwärts in die Vergangenheit gerichtetes Unterfangen. Die Bibel ist kein toter Gegenstand aus längst vergangener Zeit, den es lediglich aus historisch-literarischem Interesse zu erforschen lohnt. Für Julius Schniewind galt noch:

> Was die Schrift sagt, ist Lehre für die Kirche und Glauben weckende Botschaft. Die Bibel ist kein Material, das mit historischen Hypothesen durchpflügt werden will, sondern Stimme, die gehört werden will, Zeugnis, das für die Wahrheitsfrage ins Gewicht fallen will.[3]

Das Wort Gottes wirkt Glauben (Röm 10,17), führt zur Wiedergeburt des Menschen (1Petr 1,23), »ist lebendig und wirkungskräftig und schärfer als jedes zweischneidige Schwert, es dringt hindurch, bis es Seele und Geist [...] scheidet und ist ein Richter über die Regungen und Gedanken des Herzens« (Hebr 4,12). Gott hat sein Wort nicht nur dazu gegeben, damit wir es analysieren, sondern ihm gehorchen: »Du selbst hast deine Befehle erlassen, damit man sie genau befolge!« (Ps 119,4). Bei Esra, dem Schriftgelehrten, wird entsprechend ein umfassender, die eigene Existenz mit einbeziehender Umgang mit dem Wort Gottes deutlich, denn »er hatte gegründet sein Herz zu suchen die Weisung *(= thora)* Jahwes und zu tun und zu lehren in Israel Satzung und Recht« (Esra 7,10). Hierbei ist die Reihenfolge zu beachten, dass Esra das Wort Gottes zuerst aufnimmt, dann anwendet und auf dieser Grundlage andere anleitet, mit diesem Wort zu leben. Daraus ergibt sich:

a) Das Studium (= Lesen) der Wegweisung Gottes steht am Anfang.

---

3 So die Wiedergabe der Gedanken von Julius Schniewind nach K. Haacker: »Der reformatorische Ansatz in der Schriftauslegung Julius Schniewinds«. – In *Biblische Theologie als engagierte Exegese: Theologische Grundfragen und thematische Studien*, S. 90–101 [S. 93]. Wuppertal: R. Brockhaus, 1993.

b) Das Befolgen (= Leben) der Wegweisung Gottes ist die Antwort auf das Studium.

c) Das Weitergeben (= Lehren) der Wegweisung Gottes ist abgedeckt durch das eigene Leben.

Für unseren Umgang mit dem Wort Gottes bedeutet das:

a) Zuerst erfolgt die persönliche Aufnahme des Wortes Gottes.

b) Dann folgt die persönliche Anwendung des Wortes Gottes.

c) Am Ende dieses Prozesses steht die Anleitung anderer mit dem Wort Gottes.

Unseres Erachtens bleibt die Auslegung der Bibel allzu oft in dem stecken, was die Griechen unter »erkennen« verstanden. Es geht dann um das bloße intellektuelle Erfassen einer Sache. Der hebräische Erkenntnisbegriff (»yada«) lädt darüber hinaus aber gerade zur Begegnung mit dem Erkannten ein: Hier geht es um Erkennen, indem man sich auf eine Sache einlässt. Das muss auch neu in unserer exegetischen Arbeit zum Ziel werden. Denn erst, wo es zur Begegnung mit der Wahrheit des Wortes Gottes kommt, hat das Wort ausrichten können, wozu es gegeben ist.

Eine der Bibel angemessene text- und schriftgemäße Auslegung beschränkt sich also nicht auf ein rein historisch-literarisches Verstehen, sondern der Prozess der Auslegung ist erst abgeschlossen, wenn die jeweilige Absicht der auszulegenden Texteinheit am Empfänger ihrer Botschaft zum Ziel gekommen ist. Allerdings bleibt hier die Frage, ob eine Methode zu dieser Existenzbegegnung mit der Wahrheit Gottes führen kann. Diese Frage erscheint umso dringlicher, wenn man bedenkt, dass dem natürlichen, sündigen Menschen hierzu doch der Zugang eigentlich verschlossen ist. Diese Fragen müssen uns angesichts des vorgegebenen Erkenntniszieles veranlassen, intensiv über die Rolle des Heiligen Geistes für die Auslegung der Bibel nachzudenken. Wenn die Auslegung der Bibel ihr Ziel erst dann erreicht hat, wenn das, was Gott sagen wollte, im umfassenden

Sinn beim Hörer angekommen ist, kommt Exegese nicht ohne die Bitte um den Heiligen Geist aus. Wer diese geistliche Dimension der Auslegung bei der Exegese ausklammert und nur in einen freiwilligen meditativen Anhang verweist, greift bei der Schriftauslegung zu kurz.

Voraussetzungen für eine schrift- und textgemäße Auslegung der Bibel

Im Lauf der Geschichte der Bibelauslegung tat man sich mit dem Heiligen Geist immer wieder schwer. Entweder wurde er in Gegensatz zum Wortlaut der Schrift gesetzt – nach dem Motto: »Der Buchstabe tötet, der Geist macht lebendig« (in Verkennung des eigentlichen Sinnes von 2Kor 3,6!) – oder man setzte ihn in Gegensatz zu einer geordneten Auslegungsmethode. Dabei kann der Heilige Geist, der den Wortlaut der Bibel eingegeben hat, gar nicht in Gegensatz dazu treten! Der Geist ersetzt auch nicht den Verstand, sondern erneuert ihn und gebraucht ihn (Röm 12,2; 1Kor 14,19ff). Der geistliche Ausleger soll nicht den Vollzug geordneten Denkens aufgeben, wohl aber sein Denken unter den Gehorsam Christi bringen (2Kor 10,5)! Wie Gerhard Maier bemerkt, hat der Heilige Geist bei der Inspiration der Bibel durchaus auch das methodische Vorgehen der menschlichen Schreiber in Dienst genommen:

> Eines der eindrücklichsten Beispiele methodischer Arbeit findet sich im Neuen Testament selbst, nämlich das lukanische Doppelwerk (Lk 1,1-4; Apg 1,1f). Von daher lässt sich eindeutig entscheiden, dass der Heilige Geist nicht in die Aufgabe der Methode, sondern in die von der Schrift her normierte Methode führt.
> Entspricht nun also dem inspirierten Ausleger eine bestimmte inspirierte Methode? Die Antwort kann auch hier nur sehr behutsam gegeben werden. Bleiben wir unserem pneumatozentrischen Ansatz treu, d.h., fragen wir nach dem aus dem Neuen Testament erkennbaren Willen des Geistes, so ergibt sich Folgendes:
> Das Neue Testament enthält keine ausgearbeitete, systematisch geschlossene Methode. So enthält es z.B. philologisch-rationale, typologische, allegorische und heilsgeschichtliche Elemente einer Schriftauslegung (vgl.

> Mt 13,37ff; 22,23ff; Joh 10,34ff; 1Kor 10,4ff; 15,27; Gal 4,22ff; 2Tim 2,6). Von daher gewinnen wir die Freiheit, mit mehreren legitimen Methoden der Schriftauslegung zu rechnen. Die Konsequenz aus dieser Beobachtung ist einschneidend. Sie besagt nicht weniger als dies: dass der inspirierte Ausleger die Möglichkeit einer historischen Methode benutzen, ja als notwendig begründen kann, sich aber zugleich der Möglichkeit anderer Methoden offenhalten muss.[4]

Damit ist eine erste entscheidende Einsicht ausgesprochen: Die Methode soll auf den Geist eingestellt sein und kann als solche vom Geist gebraucht werden. (Man muss sich allerdings im Klaren darüber sein, dass die Erkenntnisse des »inspirierten« Auslegers nicht mit den inspirierten Bibeltexten auf einer Stufe stehen.)

Eine auf den Geist eingestellte Methode muss von daher

a) eine konsequent bibelgemäße Methode sein. Das heißt, sie muss anerkennen, dass die Bibel in Sprache und Geschichte eingebettet ist, und sie muss ihre Inspiration, ihren Wahrheitsanspruch und ihren existenziellen Anredecharakter ernst nehmen. Eine Methode, die sich sachkritisch über das geistgewirkte Wort erhebt, wird in ihrer Sündhaftigkeit kaum zum Instrument des Heiligen Geistes werden. Vor allem wird
b) eine auf den Geist eingestellte Methode das Wirken und Reden des Geistes nicht jenseits des Bibeltextes erwarten, sondern im vom Geist gewirkten Wort. Hans Joachim Iwand hat das prägnant auf den Punkt gebracht, indem er festhält:

> Wir möchten mit unserer Arbeit all denen beistehen, die nun doch da anklopfen, wo einmal – wenn Gott Gnade gibt – aufgetan wird, die dort suchen, wo die Verheißung des Findens uns gegeben ist. Der Buchstabe der Schrift ist nun einmal diese Stelle, wo wir anklopfen dürfen und müssen, und ohne die Mühe um den Buchstaben wird die Gabe des Geistes nicht empfangen. Allen aber, die noch zu glauben vermögen, dass die Bemühung um die Schrift die wahre und erstrangige Bemühung um die Erneuerung der Kirche sein müsste, grüße ich mit einem Satz aus Bengels Vorwort zu seinem Gnomon: […] Die Schrift erhält die Kirche und die Kirche hütet die Schrift. Blüht die Kirche auf, dann leuchtet die Schrift. Ist die Kirche krank, dann verstaubt

4 G. Maier: *Heiliger Geist und Schriftauslegung*, S. 27, Theologie und Dienst 34. Wuppertal: R. Brockhaus, 1983.

die Schrift. So kommt es, dass das Angesicht der Kirche und das der Schrift immer zugleich entweder Spuren der Gesundheit oder der Krankheit zu zeigen pflegt.[5]

Von daher gilt es, wieder neu zu entdecken, was der hermeneutische Kernvers der Auslegung der Bibel zum Ausdruck bringt: »Der natürliche [psychische/seelische] Mensch nimmt nicht an, was vom Geist Gottes ist; denn es ist ihm eine Torheit, und er kann es nicht erkennen, weil es geistlich [pneumatisch] beurteilt werden muss« (1Kor 2,14). Damit sind wiederum zwei grundsätzliche Aussagen getroffen:

a) Ohne das Wirken des Heiligen Geistes nimmt der natürliche Mensch die Wahrheit des Wortes Gottes nicht an, bleibt also – möglicherweise trotz richtigen historisch-grammatischen Verstehens – in existenzieller Distanz dazu.
b) Er kann das Wort Gottes ohne den Geist nicht vollumfassend »erkennen« (im Sinn des Sich-Einlassens auf das Wort, worum es beim hebräischen Erkenntnisbegriff geht). Es bleibt ihm Torheit. An anderer Stelle macht Paulus deutlich, dass dieses Nicht-erkennen-Können durchaus auch mit einer Verblendung der Sinne durch »den Gott dieser Welt« zu tun haben kann – eine geistliche Dimension, die in unserer Theologie heute so gut wie gar nicht mehr zur Kenntnis genommen wird (2Kor 4,3f). Hier ist es nötig, dass solche Verstehenshemmnisse durch geistliches Handeln eingerissen werden müssen, damit das gesamte Denken »gefangen genommen wird unter den Gehorsam Christi« (2Kor 10,4f). Was immer nun die Ursache ist – Verblendung durch eine geistliche Macht, vernunftmäßiger Widerstand gegen Gottes Offenbarung oder das schlichte Unvermögen des gefallenen Menschen –: Immer haben wir es mit einem Nicht-erkennen-Können zu tun. Aber gerade hier zeigt sich wieder die Notwendigkeit einer schrift- und textgemäßen Auslegung der

5 H. J. Iwand: *Predigt-Meditationen*, S. 94f, 4. Aufl. Göttingen: V&R, 1984. In eckigen Klammern weggelassen ist das lateinische Zitat, das Iwand anschließend übersetzt.

Bibel, die den Zusammenhang von Wort und Geist beachtet. *Die Bibel als Wort Gottes bringt den Geist an die Herzen der Menschen heran, und dieser Geist bringt als Autor der Bibel das Wort Gottes in die Herzen hinein.*

Der Hauptgrund, weshalb geeignete exegetische Methoden einzusetzen sind, hängt also mit der Tatsache zusammen, dass Gottes Offenbarung fest in der menschlichen Geschichte verwurzelt ist. Gott hat sich entschlossen, durch menschliche Autoren zu reden, die von der hebräischen, aramäischen und griechischen Sprache mit all ihren grammatischen Regeln Gebrauch machten. Genauso wie der Handwerker die Werkzeuge benötigt, die – wie vom Hersteller vorgesehen – zum entsprechenden Teil passen, so benötigt auch der Ausleger der Bibel die entsprechenden Methoden, die zu den von Gott gebrauchten Kommunikationsmitteln passen. Das heißt nicht, dass wir uns, wenn wir richtige Bibelauslegung betreiben, weniger auf den Heiligen Geist verlassen müssten. Im Gegenteil: Wenn wir mit exegetischen Methoden arbeiten, welche die Eigenart der ursprünglichen (zum Beispiel urtextlichen) Kommunikation Gottes ernst nehmen, arbeiten wir zweifellos enger mit dem Heiligen Geist zusammen, als wenn wir uns nicht um solche Methoden kümmern. Wir stehen so weniger in der Gefahr, dem Text eine uns plausibel erscheinende Bedeutung zu geben und diese dann dem Heiligen Geist zuzuschreiben (Gal 5,17). Da der Heilige Geist sich nicht selbst widerspricht, wird seine Hilfe für uns darin bestehen, dass er uns beim Entdecken der ursprünglich intendierten Bedeutung und beim Anwenden dieser Bedeutung unterstützt (Joh 16,7-15). Und er wird das bewirken, was wir nie selbst zustande brächten: nämlich dafür sorgen, dass das biblische Wort an uns wirkt und sein Ziel erreicht. Um Letzteres kann man nur beten. Von daher gilt auch für die Bibelauslegung die alte christliche Weisheit: Bete und arbeite!

Die Bibel so auszulegen bedeutet also, dass wir sehr viel Zeit mit der Analyse bestimmter Texte verbringen müssen. Das könnte die Gefahr in sich bergen, die biblischen Texte zum bloßen wissenschaftlichen Studienobjekt zu machen. Um dieser Versuchung zu widerstehen, müssen die Stunden, die man mit harter Arbeit *über* dem biblischen Text verbringt, ihr Gegengewicht stets darin haben, dass man sich bewusst *unter* den biblischen Text stellt. Der biblische Text ist für uns wirksames Subjekt und nicht bloßes Objekt (vgl. Hebr 4,12). Das muss in der Praxis dazu führen, dass wir bereit sind, uns korrigieren zu lassen und unsere Meinung zu ändern, wenn der Text (also das Wort Gottes) dies von uns verlangt.

Die Schrift auszulegen bedeutet für uns zugleich immer auch, uns die Schrift anzueignen, denn das Wort Gottes erhebt einen Anspruch auf unser Leben. Als Konsequenz ergibt sich daraus, dass nicht in erster Linie der Ausleger die Bibel auslegt, sondern dass die Bibel ihn auslegt. Wir müssen uns darüber im Klaren sein, dass die Heilige Schrift uns »exegesiert«, das heißt uns auseinandersetzt, wer wir sind und was Gottes Anspruch und Zuspruch für uns bedeuten. Das bedeutet auch: Nicht wir beurteilen die Schrift, sondern die Schrift beurteilt uns. Die Voraussetzungen jeder schrift- und textgemäßen Exegese der Bibel hat Kurt Heimbucher zutreffend in zwei markanten Formulierungen zusammengefasst[6]:

»Wir haben die Schrift so zu nehmen, wie Gott es gefallen hat, sie uns zu geben.«
»Darf die Bibel uns sagen, was sie sagen will?«

An unserem Umgang mit dem biblischen Wort zeigt sich, ob wir Gott lieben oder nicht: *»Wer meine Gebote hat und sie hält, der ist es, der mich liebt …«* (Joh 14,21). Unseren Herrn zu lieben bedeutet, Gehorsam und Verstehen miteinander zu vereinen. Wir legen die Schrift nicht nur aus, um intellektuell zu verstehen, was sie sagt, sondern um die im Text vermittelten Wahrheiten in unserem eigenen Leben anzuwenden. Folglich müssen wir uns mit der festen Absicht dem Text nähern, das zu befolgen, was wir darin entdecken. Unseren Herrn zu lieben bedeutet also, dass wir das leben, was wir durch sein Wort lernen. Die Sehnsucht

6 K. Heimbucher: »Zukunft durch Umkehr zur Bibel«. – *In Zukunft durch Umkehr,* S. 42-58 [Zitate auf S. 43+48]. Hg. T. Schneider. Gießen: Brunnen, 1998.

und Leidenschaft Gott zu lieben, sollten uns dazu anspornen, gründliche exegetische Arbeit zu leisten – wobei uns die exegetische Arbeit in der Folge zu einer vertieften Hingabe an unseren Herrn führt. Gesunde Exegese führt aber nicht nur zu einer Vertiefung des eigenen geistlichen Lebens, sondern wirkt sich geistlich auferbauend aus für die Menschen, denen wir dienen. Echte Liebe führt damit zu praktischen Auswirkungen; sie lässt dem Lippenbekenntnis ein entsprechendes Lebenszeugnis folgen.

Auslegung und Anwendung der Bibel im Überblick

Unter dem Begriff Exegese (griech. *exegesis*, »Erklärung, Auslegung, Deutung«) versteht man eine methodisch reflektierte Auslegung der biblischen Texte. Die Exegese des AT und des NT ist kein Selbstzweck. Sie dient der Verkündigung, weil das Wort Gottes seinem Wesen nach Verkündigung und damit Anrede Gottes an den Menschen ist. Die Exegese hat letztlich die Anwendung (Applikation) des erkannten biblischen Inhaltes auf die aktuelle Gegenwart und das eigene Leben zum Ziel. Dem Anredecharakter der Bibel entspricht bei der schrift- und textgemäßen Auslegung der Antwortcharakter des Verstehens.

Sehr treffend hat diesen Zusammenhang Albrecht Bengel durch seine Mahnung zum Ausdruck gebracht: »Wende dich ganz dem Text zu, und wende die ganze Sache auf dich an.« Gerade weil Gott im Zusammenhang mit der realen menschlichen Geschichte geredet hat, dürfen wir damit rechnen, dass wir seine Stimme in unserer realen Geschichte auch weiterhin vernehmen können. Aber immer geht es zuerst um ein schrift- und textgemäßes Verstehen der auszulegenden Texteinheit, und erst auf dieser Grundlage kann die Anwendung erfolgen.

Die Hermeneutik (griech. *hermeneuein*, »denken, auslegen, erklären, übersetzen«) ist die Theorie der Auslegung und Anwendung der

Bibel. Sie beschreibt das Verhältnis von Exegese und Applikation und erläutert, wie es zu einer text- und schriftgemäßen Auslegung und Anwendung der Bibel kommt. Sie reflektiert und erläutert die text- und schriftgemäßen Grundlagen einer Übertragung der Textaussagen von der Vergangenheit in die Gegenwart und ihre Auswirkungen für die Zukunft. Die Hermeneutik liefert die aus der Bibel selbst erhobenen Grundsätze dafür, wie man von der Frage, was der Text damals bedeutete (Exegese), zu der Antwort kommt, was der Text heute bedeutet (Applikation). Dabei zeigt sich, dass die biblischen Texte vorrangig genau das bedeuten, was sie damals bedeuteten. Für die Bibelauslegung ergibt sich daraus die Konsequenz, dass die ursprüngliche Bedeutung für die Erstadressaten auch maßgebliche Bedeutung für die Anwendung der Bibel hat (vgl. Röm 15,4f). Somit ist und bleibt die Auffindung der »ursprünglichen« Textintention die vorrangige Aufgabe jedes guten, also schrift- und textgemäßen Bibelauslegers (1Petr 1,9-12). Hieraus ergibt sich zwingend, dass die Auslegung der Anwendung vorgeschaltet ist und sich die Anwendung immer nur aus einer schrift- und textgemäßen Auslegung ergeben kann (2Petr 1,20-21). Am Anfang steht also die verstehende Wahrnehmung der biblischen Texteinheit. Sie führt zur Begegnung mit dem normativen Textinhalt und mündet in eine existenzielle Auslieferung an das erklärte, veranschaulichte und angewendete Wort Gottes ein.[7]

Die in diesem Buch vorgestellte exegetische 10-Schritt-Methode entspringt aus den vorgenannten Gründen einer »biblisch-historischen Methodik«.[8] Sie

a) beschreibt einen methodisch reflektierten und damit auch kommunizierbaren und überprüfbaren Auslegungsweg (Apg 8,26-40),
b) berücksichtigt historische Fragestellungen,

7 Vgl. H. W. Neudorfer/E. J. Schnabel: »Die Interpretation des Neuen Testaments in Geschichte und Gegenwart«. – In *Das Studium des Neuen Testaments. Bd. 1: Eine Einführung in die Methoden der Exegese*, S. 13-38. Wuppertal: R. Brockhaus, 1999.

8 Vgl. M. Dreytza, W. Hilbrands und H. Schmid: »Vorwort.« – In *Das Studium des Alten Testaments: Eine Einführung in die Methoden der Exegese*, S. 12f. Wuppertal: R. Brockhaus, 2002.

c) orientiert sich in ihren Urteilen an den Selbstaussagen der biblischen Texteinheiten,
d) betont als bewusst *biblisch*-historische Methode die Normativität des Wortes Gottes auch für die heutige Zeit,
e) anerkennt die Notwendigkeit des Wirkens des Heiligen Geistes für ein existenzielles Verstehen der Bibel (1Kor 2,6-3,4) und
f) stellt grundsätzlich die biblisch-theologische Erklärung (Explikation) der praktisch-theologischen Anwendung (Applikation) voran (vgl. Apg 17,11b).

Darstellung des Prozesses der Bibelauslegung

	Exegese	Hermeneutik	Anwendung
Biblische Perspektive	*Alles nämlich, was in früherer Zeit geschrieben wurde,* (Röm 15,4a)	*wurde für uns zur Lehre geschrieben,* (Röm 15,4b)	*damit wir durch die Standhaftigkeit und durch die Seelsorge der Schriften die Hoffnung festhalten.* (Röm 15,4c)
Zeitliche Perspektive	VERGANGENHEIT *»Damals – wurde es gesagt!«*	GEGENWART *»Heute – wird es gehört!«*	ZUKUNFT *»Zukünftig – wird es gelebt!«*
Inhaltliche Perspektive	AUSSPRUCH GOTTES Was ist die **Intention** der Texteinheit? (= den Sinn des Willens Gottes lesen)	ANSPRUCH GOTTES Was ist das **Prinzip** der Texteinheit? (= die Bedeutung des Willens Gottes lehren)	ZUSPRUCH GOTTES Was ist der **Auftrag** der Texteinheit? (= das Ziel des Willens Gottes leben)
Methodische Pespektive	ERKLÄREN durch *textgemäße* AUSLEGUNG	VERSTEHEN durch *schriftgemäße* ÜBERTRAGUNG	ANWENDEN durch *wortgemäße* VERKÜNDIGUNG

Die praktische und konkrete Anwendung ist also immer aus den Lehren der Schrift selbst zu erheben und somit der Auslegung nachgestellt. Dabei hat der Ausleger nicht die Aufgabe zu versuchen, die Bibel überhaupt erst bedeutsam zu machen. Sie ist es bereits, weil sie das Wort Gottes ist. Und was Gott sagt, kann für uns nicht unbedeutend sein. Die beste Auslegung ist die, die den Vorgaben des Bibeltextes folgt. *Das »Nachdenken« über Gottes Wort darf man sehr wörtlich nehmen: nachdenken; dem hinterherdenken, was Gott bereits gesprochen hat. Anders ausgedrückt: sich auf die Spur von Gottes Wort machen; in diesen Spuren gehen.*[9] Es gehört zur geistlichen Bescheidenheit des Auslegers, schlicht das wahrzunehmen und weiterzugeben, was da steht. So kann als Leitsatz für die Auslegung der Bibel festgehalten werden:

Lesen Sie die Bibel! – Verstehen Sie die Bibel! –
Befolgen Sie die Bibel! [10]

»Nehmen Sie jetzt ... meinen letzten Rat:
Exegese, Exegese und noch einmal Exegese! ...
Halten Sie sich an das Wort, an die Schrift,
die uns gegeben ist.«[11]

9 U. Wendel (Hg.): *Dem Wort Gottes auf der Spur: 21 Methoden der Bibelauslegung*, S. 8. Witten: SCM R.Brockhaus, 2015.

10 Vgl. H. Stadelmann: *Evangelikales Schriftverständnis: Die Bibel verstehen – der Bibel vertrauen – der Bibel folgen*. Hammerbrücke: Jota, 2005.

11 Mit diesen Worten verabschiedete sich Karl Barth anlässlich einer Bibelfreizeit für Studenten der Bekennenden Kirche von seinen Bonner Schülern, nachdem ihm die Nationalsozialisten ein Lehrverbot erteilt hatten (zitiert nach: E. Busch: *Karl Barths Lebenslauf: Nach seinen Briefen und autobiographischen Texten*, S. 272. 4. durchgesehene Aufl. München: Chr. Kaiser, 1986).

TEIL 2

ZEHN SCHRITTE ZU EINER SCHRIFT- UND TEXTGEMÄSSEN AUSLEGUNG DER BIBEL

Die hier vorgestellte 10-Schritt-Methode soll allen Auslegern – *besonders denen, die auf die deutsche Übersetzung der Bibel angewiesen sind* – die Hilfestellungen bieten, die sie zu einer sorgfältig begründeten und biblisch-theologisch verantworteten Erklärung und Anwendung der Heiligen Schrift benötigen. Dabei gilt der Grundsatz, dass sich die Methode nach dem Text selbst zu richten hat und der biblische Text nicht an die Methode angepasst wird. Jede Methodik besitzt nur eine dienende Funktion. Ist sie schrift- und textgemäß, dient sie der Kommunikation: Sie hilft, dass andere die Gedanken des Auslegers nachvollziehen und selbst am Text der Bibel überprüfen können, ob sie dem offenbarten Willen Gottes entsprechen. Natürlich ist die hier vorgestellte 10-Schritt-Methode keine Garantie für eine gute Auslegung. Aber sie ist ein Leitfaden, der helfen kann, eine schlechte Auslegung unwahrscheinlicher zu machen. Die Aufteilung in verschiedene kleine Arbeitsschritte hilft, die große Aufgabe der Bibelauslegung schultern und bewältigen zu können. Methodisch werden wir also versuchen, das Ganze in verschiedene überschaubare Teilschritte aufzuteilen (»exegetische Methodentreppe«), diese kleineren Herausforderungen so zu lösen, dass sie dem Selbstanspruch der Bibel gerecht werden, um dann am Schluss die verschiedenen Einzelergebnisse zu einem harmonischen Ganzen zusammenzufügen.

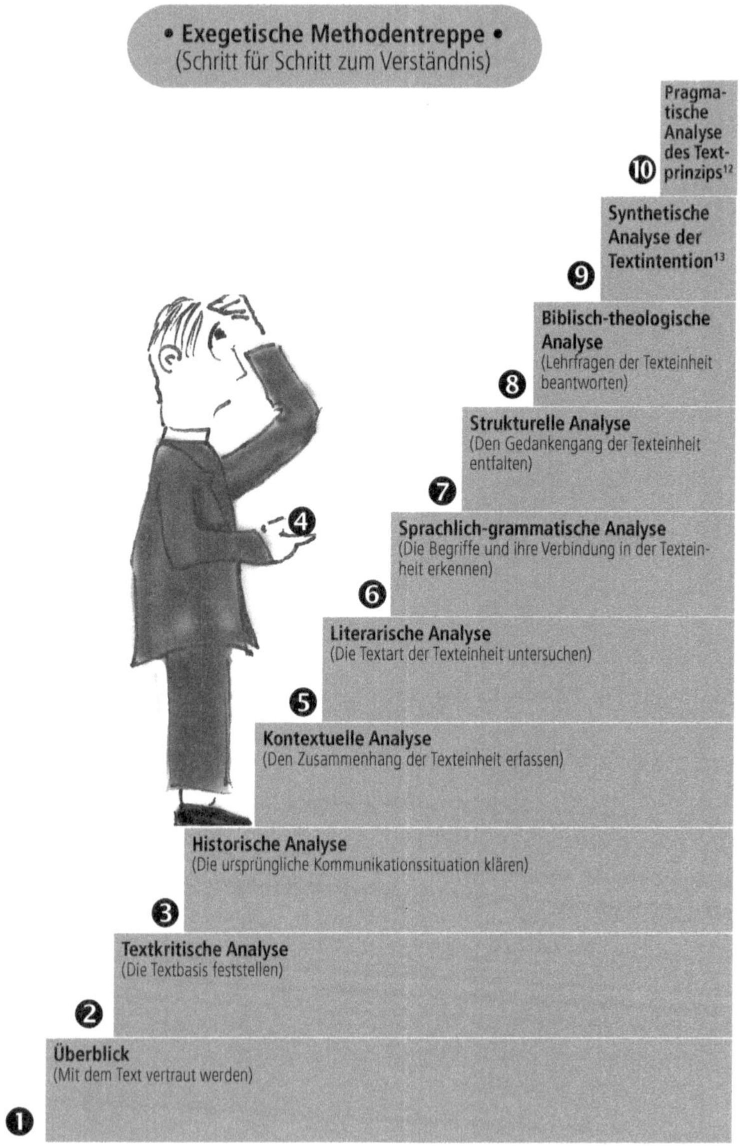

12 (Sich der Bedeutung der Texteinheit für heute stellen).

13 (Die Aussage der Texteinheit präzise zusammenfassen).

Einführung in die 10-Schritt-Methode

Bei der 10-Schritt-Methode wird der Auslegungsprozess in **drei** Phasen strukturiert. Sie sollen den Ausleger in die Lage versetzen, den »Schatz« des Wortes Gottes schrift- und textgemäß zu Tage zu fördern. Der Ausleger kann so in den Lobpreis des Psalmisten einstimmen: »Ich freue mich über dein Wort wie einer, der große Beute macht« (Ps 119,162). In einer *ersten Phase* geht es unter der Überschrift »Lesen, was da steht« darum, sich einen **Überblick** über den Text zu verschaffen. Hierzu ist es nötig, zuerst einmal den vorgegebenen »Schatzplan« des Wortes Gottes genau zu studieren. Dazu gehört, dass der Ausleger einfach liest und wahrnimmt, »was da steht«, und dass er die offensichtlichen Stolpersteine und Hindernisse auf dem Weg zur Kenntnis nimmt und markiert, damit er auf dem Weg zum Ziel später nicht durch sie zu Fall kommt. So wird die Wegstrecke schon einmal vertraut und das Gelände grob untersucht. In einer *zweiten Phase,* die unter dem Motto steht: »Merken, worum es geht«, dreht es sich dann darum, sich auf den Weg zu machen und die »Schatzsuche« konkret zu beginnen. Durch einen vertieften **Einblick** und detaillierte Untersuchungen des Weges wird der genaue Fundort des Schatzes lokalisiert und seine Bergung vorbereitet. Der Ausleger richtet seine Aufmerksamkeit auf das, »worum es geht«, und kann die bereits markierten »Stolpersteine« wegräumen, damit der Weg zum Ziel nicht versperrt bleibt. Ist der Schatz lokalisiert und sind Stolpersteine und Hindernisse weggeräumt bzw. als Bausteine integriert, kann der Ausleger nun in einer *dritten Phase* seinen Schatz endgültig bergen. Diese Phase steht unter der Überschrift: »Sagen, wo es hingeht«. Da die Schätze und Reichtümer des Wortes Gottes aber nicht zum reinen Privatgenuss des Auslegers dienen, geht es um zweierlei: zusammenfassend den Wert des Schatzes zu benennen und seine Verteilung (z.B. die Anwendung des Wortes Gottes) vorzubereiten. Dieser **Ausblick** bildet die Nahtstelle und Grundlage für die »Wirklichkeitsexegese« der gegenwärtigen Situation, die bei der Vorbereitung einer Predigt, Bibelarbeit oder Andacht hilft, das Zielgebiet für die Anwendung präzise in den Blick zu nehmen.[14]

Die nachfolgende Übersicht zeigt die verschiedenen Einzel- bzw. Arbeitsschritte der 10-Schritt-Methode im Prozess der Bibelauslegung:

14 Hilfreiche Informationen zur Predigtmeditation finden Sie in H. Stadelmann: *Kommunikativ predigen: Plädoyer und Anleitung für die Auslegungspredigt*. Kap. 2.4. Witten: SCM R.Brockhaus, 2013.

Die 10-Schritt-Methode im Überblick

Überblick: Lesen, was da steht.
Den »Schatzplan« studieren – »Stolpersteine« markieren

Schritt 1: Mit dem Text vertraut werden

- Die Texteinheit mehrmals in verschiedenen Übersetzungen lesen
- Den Gedankengang der Texteinheit aufnehmen
- Die »Stolpersteine« markieren

Einblick: Merken, worum es geht.
Die »Schatzsuche« beginnen – »Stolpersteine« wegräumen

Schritt 2: Die Textbasis feststellen

- Einen Übersetzungsvergleich der Texteinheit durchführen
- Die Textbasis für die Auslegung festlegen

Schritt 3: Die ursprüngliche Kommunikationssituation klären

- Die literarische Abfassungssituation der Texteinheit betrachten
- Die geschichtlich-kulturelle Abfassungssituation der Texteinheit betrachten
- Die geografische Abfassungssituation der Texteinheit betrachten

Schritt 4: Den Zusammenhang der Texteinheit erfassen

- Die Einbettung der Texteinheit im Buchkontext feststellen
- Die Funktion der Texteinheit im Abschnittskontext ermitteln
- Die Abgrenzung der Texteinheit vornehmen
- Die parallelen Texte zur Texteinheit beachten
- Die Harmonisierung der Texteinheit im Schriftkontext erwägen

Schritt 5: Die Textart der Texteinheit untersuchen
- Die Literaturgattung der Texteinheit bestimmen
- Die Literaturformen der Texteinheit bestimmen
- Die Stilfiguren der Texteinheit auflösen

Schritt 6: Die Begriffe und ihre Verbindung in der Texteinheit erkennen
- Die Wörter der Texteinheit wägen
- Die Sätze der Texteinheit analysieren

Schritt 7: Den Gedankengang der Texteinheit entfalten
- Das Textschaubild anfertigen
- Die Struktur der Texteinheit entfalten

Schritt 8: Lehrfragen der Texteinheit beantworten
- Die gesamtbiblisch-theologische Betrachtung
- Die systematisch-theologische Betrachtung

Ausblick: Sagen, wo es hingeht.
Den »Schatz« heben – »Stolpersteine« werden zu Bausteinen

Schritt 9: Die Aussage der Texteinheit präzise zusammenfassen
- Das Textthema formulieren
- Die Textgliederung erstellen

Schritt 10: Sich der Bedeutung der Texteinheit für heute stellen
- Den eigenen heilsgeschichtlichen Standort vergegenwärtigen
- Den heilsgeschichtlichen Standort der Texteinheit wahrnehmen
- Die Texteinheit vor dem Hintergrund der fortschreitenden Offenbarung einordnen
- Die heilsgeschichtlich relevante Anwendung für die Gegenwart entdecken
- Die Anwendung der Texteinheit vornehmen

Wir hoffen auf motivierte Leser mit langem Atem, wenn wir im Folgenden in methodisch aufbereiteter Form die Grundzüge einer biblisch-historischen Exegese erläutern, also aufzeigen, wie eine schrift- und textgemäße Bibelauslegung verwirklicht werden kann. Wir hoffen auf Leser, die überzeugt sind, dass eine schrift- und textgemäße Bibelauslegung die Mühen einer intensiven Vorbereitung lohnt, und sich darauf einlassen. Trotzdem mag sich der eine oder andere fragen: »Kann ich all diese detaillierten Auslegungsschritte in der Vorbereitung auf meine nächste Predigt, Bibelarbeit, Andacht usw. wirklich leisten?« Nein, gewiss nicht. Es braucht Übung, Ausdauer und Fleiß. Auslegen will Schritt für Schritt eingeübt werden. Langfristig kann man sich so aber umfassende Fähigkeiten zur Bibelauslegung aneignen. Man bekommt ein Handwerkszeug, mit dem man effektiv, gründlich und gar nicht mehr so zeitaufwendig Predigten, Bibelarbeiten oder Andachten vorbereiten kann.

Es ist wie in der Fahrschule. Zunächst sind alle Hebel und Vorgänge fremd. Jeden einzelnen Bewegungsablauf muss man sich bewusst einprägen (Kupplung treten – Gang einlegen – Kupplung kommen lassen – dabei etwas Gas geben … – und schon wieder hat man den Wagen abgewürgt). Später aber, wenn man genug Übung hat, geht alles wie von selbst.

Den schnellen Weg zu Qualitätsandachten und -predigten, die den Anspruch und Zuspruch des Wortes Gottes schrift- und textgemäß verkündigen, gibt es nicht. Aber dieses Ziel lohnt den mühevollen Weg. Ziel unserer Auslegung ist und bleibt die Entdeckung der *ursprünglichen* (= wortgemäßen; von Gott durch die biblischen Autoren beabsichtigten), *natürlichen* (= textgemäßen; buchstäblich oder bildlich gemeinten) und *allgemeinen* (= schriftgemäßen; in Übereinstimmung mit dem Gesamtzeugnis der Bibel stehenden) Bedeutung des Bibeltextes in Vergangenheit, Gegenwart und Zukunft. Hierzu ist wichtig, dass der Ausleger erkennt, dass die Auslegung der Bibel die gemeinsame Aufgabe der Gemeinde Gottes ist. Auslegung geschieht daher im gemeinsamen Hören auf das uns offenbarte, Schrift gewordene Wort Gottes,

> damit ihr imstande seid, *mit allen Heiligen* völlig zu erfassen, was die Brei-

te und Länge und Höhe und Tiefe ist, und zu erkennen die die Erkenntnis übersteigende Liebe des Christus, damit ihr erfüllt werdet zur ganzen Fülle Gottes (Eph 3,18f).

Dieses gemeinsame Hören und Erkennen kann beispielsweise auch darin zum Ausdruck kommen, dass wir den Gebrauch literarischer Hilfsmittel bewusst aus dieser geistlich-theologischen Perspektive heraus praktizieren. Wir sollten diese Hilfsmittel besonnen einsetzen, aber nicht damit in der Quelle der Schrift so lange wühlen, bis das klare Wasser trübe geworden ist. Das Ziel unserer Auslegung ist dabei nie, unbedingt etwas Einmaliges oder Neues herauszufinden, sondern den Willen Gottes zu erfassen und diesen klar und verständlich zu kommunizieren.

> Zuweilen ist der längere Weg der schnellere, nicht allein weil er das Ziel mit größerer Sicherheit erreichen lässt, sondern auch, weil er die Möglichkeit eröffnet, mit einem reicheren Erfahrungsschatz dort anzukommen; sei es aufgrund der verschiedenartigen und entlang der Wegstrecke aufgesuchten Orte, sei es der Tatsache wegen [...], dass ein Ort vertrauter wird, sobald wir die Vorgänge rekonstruieren, die erforderlich waren, um dort hinzugelangen.[15]

Wer bereit ist, sich auf die »Schatzsuche« im Wort Gottes mit Hilfe der 10-Schritt-Methode einzulassen, wird am Ende seiner exegetischen Reise imstande sein, den deutschen Text seiner Bibel genau und begründet auszulegen. Er hat gelernt, die literarische Struktur von biblischen Texten zu entdecken und zu deuten, die historische Situation zu berücksichtigen, Textschaubilder zur Veranschaulichung des roten Fadens zu entwerfen, Textgliederungen als Grundlage einer biblischen Verkündigung vorzubereiten, den Hauptgedanken des Textes im Textthema zu entdecken und auf diesem Hintergrund den biblischen Text in die Gegenwart zu übertragen und für die Zukunft anzuwenden.

> »Habt ihr dies alles verstanden? Die Jünger sagten zu ihm: Ja.
> Jesus aber sprach zu ihnen:
> *Darum ist jeder Schriftgelehrte, der ein Jünger des Himmelreichs geworden ist, gleich einem Hausherrn, der beständig aus seinem Schatz Neues und Altes hervorbringt.«* (Mt 13,51f)

15 U. Eco: *Lector in fabula: Die Mitarbeit der Interpretation in erzählenden Texten*, S. 31. München: Hanser, 1987.

Der Überblick:

Lesen, was da steht. Den »Schatzplan« studieren – »Stolpersteine« markieren

»Öffne meine Augen,
damit ich schaue die Wunder aus deinem Gesetz.«
Ps 119,18

SCHRITT 1

Mit dem Text vertraut werden

Um sich nicht zu schnell in den Details des Textes zu verlieren, ist es nötig, sich zuerst überblicksmäßig mit dem Text vertraut zu machen. Es hat keinen Sinn, sich gleich als Erstes auf irgendein Problem im Text zu stürzen und sich an Detailfragen festzubeißen. Sonst geht uns leicht die Übersicht verloren und wir geraten auf eine Nebenspur oder Abwege. Bildlich gesprochen gilt es, gewissermaßen ein paar Schritte zurückzutreten und den Bibeltext als Ganzes in den Blick zu bekommen. Wer sich zu Beginn der Auslegung gründlich mit dem Text vertraut macht und lernt, die richtigen Fragen zu stellen, steht im Fortgang der Beschäftigung mit dem Bibeltext weniger in der Gefahr, aus einer nebensächlichen Begebenheit die Hauptsache im Text zu machen.

LEITSATZ:
Die Hauptsache ist, dass die Hauptsache
auch die Hauptsache bleibt!

Drei praktische Schritte können uns im Rahmen der ersten Phase der Auslegung helfen, durch einen guten Überblick die nötige Vertrautheit mit dem Text zu gewinnen:

- Das mehrfache Lesen des Textes in verschiedenen Übersetzungen.
- Das Beobachten des Gedankengangs im Text.
- Die Feststellung, welche Fragen und Probleme im Text einer näheren Untersuchung bedürfen. Diese kann man dann als mögliche »Stolpersteine« markieren.

(1) Die Texteinheit mehrmals in Übersetzungen lesen

Adolf Schlatter hat mehrfach betont, es sei unsere höchste Pflicht als Schriftausleger,

> dass wir in dem uns zugewiesenen Arbeitsbereich zum Sehen, zur keuschen, sauberen Beobachtung, zum Erfassen des wirklichen Vorgangs, sei es ein geschehener, sei es ein jetzt geschehender, gelangen [...]. Wissenschaft ist erstens Sehen und zweitens Sehen und drittens Sehen und immer und immer wieder Sehen.[16]

Und so beginnt die Bibelauslegung auch sehr einfach. Sie beginnt mit Lesen und nochmals Lesen und immer wieder Lesen. Der Text muss mir vertraut werden. Er muss meine Gedanken begleiten.

Ich muss zu Hause sein in ihm. Indem ich anfange, immer und immer wieder zu »lesen, was da steht«, zum Beispiel morgens in der persönlichen Andacht, fängt der Text an, mit und in mir zu leben, wird mir lebendig. Er kann mich so durch meinen Tag begleiten – und abends lese ich ihn wieder. »Dieses Buch des Gesetzes soll nicht von deinem Mund weichen, und *du sollst Tag und Nacht darüber nachsinnen, damit du darauf achtest nach alledem zu handeln, was darin geschrieben ist;* denn dann wirst du auf deinen Wegen zum Ziel gelangen, und dann wirst du Erfolg haben« (Jos 1,8).

Obwohl Josua eine unmittelbare Offenbarung von Gott erhält,

---

16 A. Schlatter: »Atheistische Methoden in der Theologie?« – In: *Zur Theologie des Neuen Testaments und zur Dogmatik,* S. 142. Hg. U. Luck. München: Chr. Kaiser, 1969.

also direkt von ihm angesprochen wird (vgl. Jos 1,1-5 mit 4Mo 12,7f), wird er hier an das geschriebene Wort Gottes gewiesen, um zu erkennen, wie er den Willen Gottes im Alltag leben kann. Durch das Studium der Heiligen Schriften soll er lernen, göttlich zu denken, und entsprechend dieser Weisung Gottes dann auch zu handeln. Da dieser unmittelbar direkte Zugang zu Gott uns heute so nicht mehr möglich ist (Hebr 1,1f), sind wir in noch viel stärkerem Maße als Josua auf den kontinuierlichen (= »Tag und Nacht«) und gewissenhaften (»weder zur Rechten noch zur Linken« = nichts hinzufügen und nichts weglassen; vgl. 5Mo 4,2; 13,1) Umgang mit der schriftlichen Weisung Gottes angewiesen.

Eigentlich gehört das hebräische Verb »hagah« (Jos 1,8), das hier für das Schriftstudium *(= forschen, betrachten, nachsinnen)* gebraucht wird, in zwei ganz andere Zusammenhänge. Zum einen bezeichnet »hagah« das Gurren der Taube. In Jesaja 38 fleht der kranke König Hiskia Gott inständig um Hilfe an, und dieser flehentliche Hilferuf wird verglichen mit dem Gurren der Taube, die nach der dringend benötigten Nahrung sucht (Jes 38,14). Zum anderen bezeichnet »hagah« das zufriedene Knurren eines Löwen, der Beute gemacht hat (Jes 31,4).

Übertragen wir das nun, so geht es beim Betrachten der Weisung Gottes um ein hungerndes Verlangen nach einem klärenden, hilfreichen, wegweisenden Wort Gottes – das Gurren der Taube. Dann folgt das zufriedene Genießen – das Knurren eines Löwen, der sich seine Beute von niemandem streitig machen und sich deshalb nicht erschrecken lässt. Das ist der Spannungsbogen, den es beim Studium der Schrift auszuhalten gilt. Das Studieren der Schrift ist ein »Raunen«, das leise, murmelnde »Sich-selbst-Vorlesen« der Schrift, das hingegebene, leidenschaftliche und sehnsüchtige Brummeln und Murmeln eines Menschen, der in seiner Schriftrolle mühsam Wort um Wort entziffert und es mit halblauter Stimme ausspricht, um dann das Gelesene zu wiederholen, es sich klarzumachen und einzuprägen (vgl. Ps 1,1f).

Die Weisung Gottes ist lesbar, vorlesbar, verstehbar und deshalb erfahrbar. Wir können diese Weisung vor uns hersagen, können das

Wort genießen, verzehren. Doch es ist wie beim Essen. Man kann satt werden, wird ernährt. Aber man kann nie ein für allemal gegessen haben. Man kann nicht satt bleiben. So hat man das Wort nie ein für allemal, wie der Löwe auch nicht seine Beute nur einmal erlegt. Darum müssen wir suchend herumgehen wie eine Taube. Beides gehört zusammen, die Zufriedenheit über das Vorhandene und das Begehren dessen, was da, aber noch nicht gefunden ist. In den Genuss des Wortes Gottes kommt nur, wer es leidenschaftlich sucht und es sich einverleibt.[17]

Immer wieder lasse ich den Text in seiner Ganzheit auf mich wirken. Ich lese ihn unter Gebet: »Öffne mir die Augen, dass ich sehe die Wunder in deinem Gesetz!« (Ps 119,18). So geht der Ausleger in der rechten Haltung an die Auslegung heran – nicht als derjenige, der mit seinen Methoden die Bibel in den Griff nehmen will, sondern als Hörender, der Gottes Stimme vernehmen möchte. Dabei verfolgt dieses wiederholte Lesen des Textes nicht den Sinn, irgendwelche meditativen Gedankenprozesse in Gang zu bringen, die freischwebend vom Textinhalt wegführen. Vielmehr soll der Text selbst ins Blickfeld kommen.

Von Anfang an ist es hilfreich, den Bibeltext in verschiedenen Übersetzungen zu lesen, um ihn jeweils neu zu hören. Mit dem vertrauten Wortlaut verbinden wir oft schon bestimmte Auslegungen und Sichten. Allzu leicht hören wir dann gar nicht mehr auf das, was eigentlich da steht. Aber wenn wir wirklich mit dem Text selbst vertraut werden wollen – und nicht einfach mit unseren gewohnten Gedanken über ihn –, sollten wir dieser Gefahr entgegenwirken. Ein aufmerksames Lesen, gegebenenfalls in einer weniger gewohnten Übersetzung, eventuell auch einer fremdsprachigen Übersetzung (oder natürlich – wem es möglich ist – im hebräischen bzw. griechischen Grundtext!), wird dazu helfen. Man kann den Text auch zunächst in einer eher »wörtlich« orientierten (strukturgetreuen) Übersetzung lesen; und dann in einer eher »übertragenden« (sinnge-

---

17 Zum Vorhergehenden vgl. Rudolf Bohren. Predigtlehre, S. 349f. 6. Aufl. Gütersloh: Chr. Kaiser, 1993 und Michael Herbst/Matthias Schreiber. *... wir predigen nicht uns selbst: Ein Arbeitsbuch für Predigt und Gottesdienst*, S. 49. Neukirchen-Vluyn: Aussaat, 2001.

treuen) Übersetzung. Diese unterschiedlichen Übersetzungsweisen helfen, sowohl mit der Form als auch dem Inhalt des ursprünglichen Textes vertraut zu werden. Beherzigen Sie hierbei den Hinweis von Christoph Stenschke:

> Zu meinen, mit dem ersten Blick alles erkennen zu können, ist letztlich Hochmut. Zu meinen, mit dem ersten Blick alles erkennen zu müssen, setzt unnötig unter Druck. Das kann und braucht keiner. Dass wir den zweiten, dritten, vierten und vielleicht weitere Blicke brauchen, hängt mit dem Wesen der Bibel zusammen.[18]

Im Folgenden wird es die Gelegenheit geben, jeden einzelnen Auslegungsschritt praktisch einzuüben. Wo nötig, werden wir die Praxis zunächst an einem Übungstext demonstrieren. Ebenso erhält der Leser, der nicht nur über Bibelauslegung lesen, sondern die Auslegung selbst lernen will, die Möglichkeit, an einem alttestamentlichen (Ps 1,1-6) oder neutestamentlichen (Eph 4,1-6) Text, den jeweils zuvor behandelten Auslegungsschritt konkret einzuüben.

AUFGABEN ZUR EINÜBUNG DES ARBEITSSCHRITTS 1.1

Zu Psalm 1,1-6:

Lesen Sie den Text fünfmal aufmerksam durch; davon wenigstens zweimal in abweichenden Übersetzungen.

Verwenden Sie dazu mindestens einmal eine eher »wörtlich« orientierte (z.B. Elb, Schla, LU, EÜ usw.) und mind. einmal eine eher »übertragende« (z.B. GNB, Hfa, Bruns, NL usw.) Übersetzung.

Zu Epheser 4,1-6:

Lesen Sie den Text fünfmal aufmerksam durch; davon wenigstens zweimal in abweichenden Übersetzungen.

Verwenden Sie dazu mindestens einmal eine eher »wörtlich« orientierte (z.B. Elb, Schla, LU, EÜ usw.) und mind. einmal eine eher »übertragende« (z.B. GNB, Hfa, Bruns, NL usw.) Übersetzung.

18 U. Wendel (Hg.): Dem Wort Gottes auf der Spur, S. 10.

(2) Den Gedankengang der Texteinheit aufnehmen

Das wiederholte Lesen hatte den tieferen Sinn, den Ausleger überblicksmäßig mit dem Wortlaut des Textes vertraut zu machen. Diese Konzentration auf den Bibeltext muss jedoch in konkrete Bahnen gelenkt werden. Zwei Fragen können dazu helfen, den Gedankengang des betreffenden Bibelabschnittes zu erschließen:

- Was ist der Hauptgedanke des Textes? Und:
- Wie verläuft der rote Faden im Text?

a) Die Frage nach dem Hauptgedanken

Zunächst geht es darum, den Hauptgedanken (= Skopus) des Abschnittes zu finden. Wohlgemerkt: Mit »Hauptgedanke« ist nicht gemeint, welcher Gedanke im Text »mir am meisten zu sagen hat«! Es geht vielmehr um die Frage, welches Anliegen der biblische Autor mit dem gesamten Abschnitt zum Ausdruck bringen möchte.

Manchmal formuliert der biblische Schreiber seinen Hauptgedanken selbst in einem zentralen Vers des betreffenden Abschnitts. So wird das zentrale Thema von 1. Thessalonicher 4,1-8 beispielsweise gut zusammengefasst in der Aussage: »Denn dies ist Gottes Wille: eure Heiligung …« (V. 3). Oft wird der Hauptgedanke vom Autor aber nicht ausdrücklich genannt. Dann muss der Ausleger aus dem Sinnzusammenhang des Ganzen das zentrale Thema selbstständig erheben und formulieren. Er muss die einzelnen Textaussagen berücksichtigen und sehen, zu welchem gemeinsamen Thema sie insgesamt sprechen.

Der Hauptgedanke sollte so formuliert werden, dass er wirklich auf den ganzen Textabschnitt passt – nicht mehr und nicht weniger. Er darf nicht so allgemein sein, dass er genauso gut auf das vorangehende und folgende Kapitel passen könnte. Und er sollte nicht so eng formuliert sein, dass er nur für einige Verse, nicht aber für den gesamten Abschnitt passt. Ein gut formulierter Hauptgedanke ist wie ein genau passendes Dach für ein Haus: Es steht nicht über – und es ist nicht zu knapp.

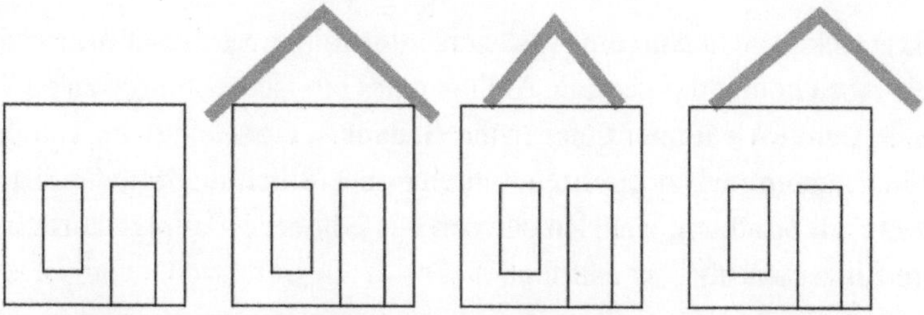

Haus ohne Dach	Dach zu breit	Dach zu schmal	Dach versetzt
Kein Hauptgedanke formuliert	Hauptgedanke zu breit gewählt	Hauptgedanke zu schmal gewählt	Hauptgedanke passt nicht zum Text
=>Text thematisch nicht auf den Punkt gebracht	*=> Thema sagt mehr aus als der Text*	*=> Thema passt nur zu einem Teil des Textes*	*=> Thema geht am Text vorbei*

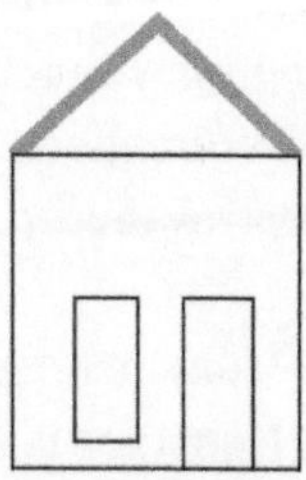

Das Dach ist bündig:
Der formulierte Hauptgedanke (»Thema«) passt!

Wenn wir zu solch einem frühen Zeitpunkt in unserer Auslegungsarbeit versuchen, den Hauptgedanken zu erheben, kann dies gewiss nur zu einer vorläufigen Formulierung führen. Streng genommen handelt es sich hierbei meist um eine vorläufige Vermutung, die wir als Arbeitshypothese unseren weiteren Bemühungen zugrunde legen. Die genaue Einzelauslegung, die noch folgt, wird an diesem Hauptgedanken weiter feilen, ihn verbessern und vielleicht verändern müssen, damit er auch wirklich textgemäß ist. Doch es ist wichtig, dass sich das Denken des Auslegers von Anfang an darauf ausrichtet, die Absicht und das zentrale Anliegen des biblischen Autors zu erkennen. Damit wir immer tiefer in die Gedanken Gottes und der von ihm beauftragten und inspirierten Schreiber der Bibel hineinfinden, ist es nötig, zu beachten, wie sich der von uns erhobene Hauptgedanke nun im Einzelnen im Text entfaltet.

b) Die Frage nach dem roten Faden

Haben wir den Hauptgedanken des Textes erkannt, geht es darum, zu ergründen, wie der Autor den Abschnitt aufgebaut hat. Wir versuchen zu erkennen, wie der rote Faden – also die Gedankenentwicklung – im Text fortschreitet und welche Bedeutung die einzelnen Gedankenstationen für das Gesamtthema haben.

Eine praktische Hilfe für die Vergegenwärtigung des Gedankengangs kann es sein, den Text ganz einfach mit eigenen Worten nachzuerzählen und dabei zum Ausdruck zu bringen, was der biblische Autor gerade beabsichtigt und tut. Etwa: »Der Psalmist eröffnet seinen Psalm, indem er den gottesfürchtigen Menschen glücklich preist. Dabei beschreibt er zunächst, was dieser Mensch *nicht* tut ...«, usw. (Ps 1).

Mit diesem ersten Schritt – dem mehrfachen Lesen des Textes, dem vorläufigen Formulieren des Hauptgedankens und dem Erkennen des Gedankengangs – hat sich der Ausleger einen guten ersten Überblick über den Text verschafft.

Die folgenden Aufgaben sollten Sie schriftlich lösen:

AUFGABEN ZUR EINÜBUNG DES ARBEITSSCHRITTS 1.2

Zu Psalm 1,1-6:

Formulieren Sie in einem kurzen, vollständigen Satz den Hauptgedanken dieses Psalms.

Erzählen Sie in eigenen Worten den Gedankengang von Psalm 1,1-6 kurz und prägnant nach, um den roten Faden zu beschreiben.

Zu Epheser 4,1-6:

Formulieren Sie in einem kurzen, vollständigen Satz den Hauptgedanken dieses Textes.

Erzählen Sie in eigenen Worten den Gedankengang von Epheser 4,1-6 kurz und prägnant nach, um den roten Faden zu beschreiben.

(3) Die »Stolpersteine« markieren

Die Devise mancher Prediger – und (wie ein Blick in Kommentare zeigt) auch mancher Bibelausleger – scheint zu sein: »Probleme im Text sind dazu da, dass man sie umgeht!« Es kann schon frustrierend sein für eine Gemeinde, wenn sich Folgendes ereignet: Der Pastor verliest am Sonntagmorgen den Predigttext, in dem sich ein brisanter Lehrstreitpunkt, eine schwierig zu verstehende oder eine den konkreten Alltag herausfordernde Problemstelle findet. Selbstverständlich hegen manche biblisch interessierten Hörer nun die Hoffnung, dass die Predigt einiges Licht in das Dunkel bringen werde. Was aber, wenn der Prediger die Schwierigkeit einfach elegant umschifft? Wenn er in seiner Predigt all das breit ausführt, was sich die Hörer auch selbst hätten denken können – aber ungerührt über das hinweggeht, was wirklich eine Hilfestellung und Antwort erfordert hätte? Was soll von einer Verkündigung gehalten werden, in der ununterbrochen biblische Vokabeln gebraucht werden, die es in der Umgangssprache nicht mehr gibt, ohne dass ihr tieferer Bedeutungsinhalt erklärt und in verständliche Konzepte übersetzt wird?

Damit solche Pannen nicht passieren, ist es wichtig, bereits in der exegetischen Vorarbeit Probleme und Fragen nicht zu übergehen, sondern – wenn irgend möglich – anzugehen und zu lösen. So könnte es für den Ausleger als Abschluss seiner überblicksmäßigen Beschäftigung mit dem Text eine gute Gewohnheit sein, sich zu notieren, was in den folgenden Analysen (Schritte 2-8) auf jeden Fall näher untersucht und geklärt werden muss.

So ließen sich noch manche Leitfragen zur Beantwortung auflisten. Wichtig ist, dass der Ausleger sich alle Punkte merkt und notiert, die einer Lösung zugeführt werden müssen.

Nach unseren Erfahrungen geht vor allem der ungeübte Ausleger dann am effektivsten vor, wenn der Überblick durch die Benutzung von zusammenfassenden Darstellungen unterstützt wird, wie etwa der John MacArthur Studienbibel, Genfer Studienbibel, Thompson Studienbibel, Begegnung fürs Leben – Studienbibel für jeden Tag, Scofield Bibel, Elberfelder Bibel mit Erklärungen oder der Ryrie-Studienbibel.

Wenn man bereits zu diesem frühen Zeitpunkt zu solchen Hilfsmitteln greift, um den »Schatzplan« zu studieren, sollte man jedoch auf eines achten: dass man mit dem Bibeltext vertraut wird, indem man ihn selbst liest und sich mit ihm auseinander setzt, statt sich nur auf die Anmerkungen der Studienbibel zu verlassen (vgl. Apg 17,11).

PRAKTISCHE LEITLINIEN FÜR DEN ARBEITSSCHRITT 1.3:

- Welche Wörter und Begriffe sind in ihrer sachlichen bzw. theologischen Bedeutung nicht bekannt? Welche (vielleicht oft gebrauchten) Begriffe scheinen zwar bekannt zu sein, sollten aber nochmals näher nach ihrem biblischen Inhalt untersucht werden?
- Welche geschichtlichen Vorgänge oder kulturellen Gebräuche, die der Text erwähnt, müssen geklärt werden?
- Gibt es lehrmäßige Probleme im Text, denen man unter Umständen in einem weiteren Zusammenhang nachgehen muss?
- Ist der Aufbau des Bibelabschnittes schwierig? Gibt es Verse, die schwer in den Gedankenfluss einzuordnen sind?

- Gibt es Schwierigkeiten mit dem Wortlaut des Textes? Hat das Lesen in verschiedenen Übersetzungen Unterschiede zutage gefördert, deren Gründe untersucht werden müssen?
- Ist das, was da steht, wörtlich oder sinnbildlich gemeint?
- Sind dem Bibelausleger unterschiedliche Auslegungen des Textes bekannt? Welche wird sich als die beste erweisen?

Damit ist der *Überblick* (Schritt 1) beendet, und der Ausleger kann sich der detaillierten Untersuchung von Einzelfragen durch einen vertieften *Einblick* in den Text zuwenden (Schritte 2-8).

AUFGABEN ZUR EINÜBUNG DES ARBEITSSCHRITTS 1.3

Zu Psalm 1,1-6:
Erstellen Sie anhand der oben aufgeführten (und ähnlicher) Fragen eine Liste von wenigstens fünf Problempunkten zu diesem Psalm, die in der folgenden exegetischen Analyse geklärt werden sollten.

Zu Epheser 4,1-6:
Erstellen Sie anhand der oben aufgeführten (und ähnlicher) Fragen eine Liste von wenigstens fünf Problempunkten zu Epheser 4,1-6, die in der folgenden exegetischen Analyse geklärt werden sollten.

Der Einblick:

Merken, worum es geht. Die »Schatzsuche« beginnen – »Stolpersteine« wegräumen

»Die Eröffnung deiner Worte erleuchtet,
sie gibt Einsicht den Einfältigen.«
Ps 119,130

Damit wir den von Gott für uns bereitgestellten »Schatz« in der Bibel entdecken und heben können, muss der Ausleger in einer zweiten Phase des Auslegungsprozesses die »Stolpersteine« aus dem Weg räumen, die er in der ersten Phase bereits entdeckt und markiert hat. Um diese Aufgabe bewerkstelligen zu können, ist es erforderlich, sie in überschaubare und aufeinander aufbauende Einzelschritte aufzuteilen. So wird eine genaue und gründliche Auslegungsarbeit möglich. In sieben Arbeitsschritten (Schritt 2-8) soll ein Weg gebahnt werden, der ein genaues und begründbares Aufspüren der ursprünglichen Textbedeutung und damit des von Gott beabsichtigten Sinnes ermöglicht. Dabei vollzieht sich unsere exegetische Reise, die »Schatzsuche«, über verschiedene Stationen. An ihnen halten wir an, verweilen und analysieren jeweils genau unseren »Schatzplan«. So gewinnen wir fortlaufend tiefere Einblicke und neue Erkenntnisse, die uns die Orientierung für die Weiterreise erleichtern und uns zunehmend klarer das Ziel unserer Reise erkennen lassen. Unsere exegetische Reise geht von der Feststellung der Textbasis (Schritt 2), der Klärung der ursprünglichen Kommunikationssituation (Schritt 3), der Erfassung des textlichen Zusammenhangs (Schritt 4), der Untersuchung der literarischen Eigenarten (Schritt 5), der Erkenntnis der Wort- und Begriffsbedeutungen und ihrer Verbindungen (Schritt 6) über die Entfaltung des Gedankenganges durch das Erstellen eines Textschaubildes (Schritt 7) zur Lösung der biblisch-theologischen Fragestellungen der Texteinheit (Schritt 8).

Begeben wir uns also an die anspruchsvolle, aber lohnende Aufgabe, eine gründliche und nachvollziehbare Bibelauslegung zu erlernen und einzuüben. Wir tun dies in dem Wissen,

- dass man viele dieser Arbeitsschritte nur als längerfristiges Projekt lernen kann (zum Beispiel die Aneignung von Informationen über den geschichtlichen Hintergrund der Bibel);
- dass manches nicht nur gelesen, sondern vor allem geübt sein will;
- und dass vieles, was zunächst langwierig und schwierig erscheint, später sehr viel leichter fällt, wenn der Blick für die Auslegungsarbeit erst einmal geschult ist.

Die Textbasis feststellen

Jede ernsthafte Auslegungsarbeit muss das Ziel haben, den ursprünglichen Sinn eines Bibeltextes so zu verstehen, wie Gott ihn durch die Sprache des Bibelschreibers zum Ausdruck bringen wollte. Mit einem minderen Ziel sollte sich der Exeget – bei allem Wissen um den Stückwerkcharakter des eigenen Erkennens – nicht zufriedengeben. Aus diesem Grund müssen wir uns zuerst mit der Feststellung der Textbasis unserer Texteinheit beschäftigen (»*textkritische* Analyse«). Dabei geht es um die Wiedergewinnung des Originaltextes eines Schriftstücks. Die Überprüfung bzw. Feststellung der Textbasis der auszulegenden Texteinheit ist deshalb notwendig, weil der heutige Bibelausleger mit zwei Problemen konfrontiert ist:

• Variationen bzw. Unterschiede aufgrund der Überlieferung:

Die Originale der biblischen Schriften, wie Gott sie uns einmal durch die Inspiration der biblischen Autoren gegeben hat, sind uns nicht mehr erhalten. Auch in den Grundsprachen Hebräisch, Aramäisch und Griechisch ist uns die Bibel – ganz oder in Teilen – nur in Abschriften erhalten. Vor Erfindung der Buchdruckerkunst (um 1500 n.Chr.) mussten die biblischen Schriften immer noch mühsam von Hand abgeschrieben werden. In den jüdischen Schulen, in denen die hebräische Thora kopiert wurde, und in christlichen Klöstern, in denen Mönche das Neue Testament abschrieben, wurde mit großer Sorgfalt gearbeitet. Trotzdem konnten kleine Veränderungen gegenüber dem Original vorkommen. Das brachte mit sich, dass im Lauf der Jahrhunderte eine große Zahl unterschiedlicher Lesarten (auch Textvarianten genannt) entstand. In den heutigen Grundtextausgaben des Alten und Neuen Testaments sind die wichtigsten dieser Varianten jeweils im sogenannten Apparat, den Fußnoten am Seitenende, aufgeführt. Dem gewissenhaften Bibelausleger kann es nun nicht darum gehen, die Abschreibvariante irgendeines Mönches zu interpretieren. Vielmehr muss es ihm um den ursprünglichen Text gehen, so wie Gott ihn eingegeben hat. Ziel dieses Arbeitsschrittes ist die Vergewisserung, dass wir mit der besten erreichbaren Textgestalt der auszulegenden Texteinheit arbeiten. Die uns heute bekannten Textvarianten beruhen in der Regel auf Lese-, Diktier- oder Schreibfehlern, indem zum Beispiel ähnliche Buchstaben verwechselt, falsche Worttrennungen bzw. -verbindungen vorgenommen oder Buchstaben vertauscht (Metathese) wurden. Manche Fehler entstanden durch Verwechslungen von Wörtern mit gleichem Ende (Homoioteleuton) bzw. gleichem Anfang (Homoioarkton) oder durch Auslassung von einem, von zwei gleichen oder ähnlichen Buchstaben oder Buchstabenkombinationen (Haplographie) bzw. Doppelschreibung eines Buchstabens oder einer Buchstabenkombination (Dittographie).

• Variationen bzw. Unterschiede aufgrund der Übersetzung:

Das andere Problem stellt sich durch die verschiedenen Übersetzungen der Bibel. Selbst bei guten Übersetzungen tritt das Problem auf, dass sie die Sprachgestalt und die Möglichkeiten des Sinngehalts des Grundtextes zugleich nie hundertprozentig in die Übersetzungssprache überführen können. Zudem fließt in jede Übersetzung immer auch ein Stück Bibelverständnis und Auslegung des Übersetzers mit ein. Denn aus den verschiedenen Bedeutungsmöglichkeiten eines Wortes oder Satzes in der Grundsprache muss der Übersetzer sich in der Übersetzung schließlich auf eine mögliche Bedeutung festlegen. Dass schon den Übersetzer dabei das Ziel leiten muss, den vom biblischen Schreiber ursprünglich beabsichtigten Sinn so klar wie möglich zu erkennen und wiederzugeben, ist selbstverständlich.

LEITSATZ:

Die textkritische Analyse dient dem Ziel, die ursprüngliche Textgestalt zu erforschen, indem sie verschiedene Übersetzungen und Überlieferungen miteinander vergleicht.

Aufgabe der Textkritik ist also nicht eine inhaltliche Kritik an der Bibel, sondern die Klärung, ob der vorliegende Text mit demjenigen übereinstimmt, den der inspirierte Verfasser ursprünglich niederschrieb. Aus diesen Gründen sollte der mit dem deutschen Text arbeitende Ausleger zuerst einen Übersetzungsvergleich mit Hilfe verschiedener deutscher Bibelübersetzungen zur Wahrnehmung eventueller Problemstellungen durchführen (1). Indem er auf diesen Ergebnissen aufbaut, sollte er die Textbasis für die Auslegung dann in einem zweiten Schritt festlegen (2).

(1) Einen Übersetzungsvergleich der Texteinheit durchführen

Aus dieser Problemanzeige ergibt sich ein doppeltes Ziel für den Übersetzungsvergleich. Zum einen wird es darum gehen, später eingedrungene Varianten (wie sie in Übersetzungen manchmal abgedruckt sind) als solche zu erkennen, um für die Auslegung eine tragfähige Textbasis zu haben. Denn natürlich soll unsere Verkündigung nicht über Aussagen erfolgen, die so im ursprünglichen Bibeltext gar nicht standen. Und zum andern kann der Textvergleich zeigen, wo die Bedeutungsmöglichkeiten des Grundtextes liegen. Um aufzuzeigen, wie dies geschehen kann, werden nachfolgend die verschiedenen Problemstellungen eingehender besprochen und Hintergründe und Ursachen aufgezeigt.

a) Das Problem der Textvarianten

Wenden wir uns zunächst dem ersten Problemkreis zu, dem Problem der Textvarianten durch unterschiedliche Textüberlieferungen. Das Neue Testament ist textlich besser überliefert als jedes andere Buch der Antike. Über 5000 griechische Handschriften des Neuen Testaments oder gewisser Teile davon sind uns erhalten. Manche von ihnen gehen in sehr frühe Zeit zurück. Und vom hebräischen Alten Testament, dessen wichtigste Handschriften vom Ende des ersten nachchristlichen Jahrtausends stammen, von dem andererseits aber auch wertvolle Stücke aus vorchristlicher Zeit in Qumran gefunden worden sind, wissen wir, dass es innerhalb des offiziellen Judentums mit größter Sorgfalt abgeschrieben und überliefert wurde. Denn fand man in einer handgeschriebenen Thorarolle auch nur einen Abschreibefehler, wurde in der jüdischen Synagoge die ganze Rolle ausgemustert. Trotzdem gibt es im Neuen wie im Alten Testament eine größere Zahl unterschiedlicher Varianten in der Textüberlieferung, die allerdings selten von Bedeutung sind und wohl nirgends einen zentralen Punkt der biblischen Lehre ernsthaft betreffen.

Beim Vergleich verschiedener deutschsprachiger Übersetzungen stößt der Bibelleser aber immer wieder auf diese unterschiedlichen Lesarten. In der Schlachterübersetzung liest man in Matthäus 6,4 die Verheißung, der himmlische Vater werde Almosengeben »öffentlich« vergelten. In der revidierten Elberfelder Bibel und anderen neueren Übersetzungen ist von »öffentlich« dagegen nirgends die Rede. Das Wort, das auch gar nicht in den Zusammenhang passt, findet sich in den besten und ältesten griechischen Handschriften nicht. Hin und wieder, im Grunde jedoch an nur wenigen Stellen, offenbart der Vergleich verschiedener deutscher Übersetzungen stärkere Unterschiede. So ergibt sich in Lukas 9,54-56 das folgende Bild (siehe Seite 55).

Die »alte« Zürcher Bibel hat hier den kürzesten Text (wie ihn übrigens die ältesten griechischen Handschriften bieten). In einer Anmerkung ist zu lesen, dass in Vers 54 »viele alte Textzeugen« die Worte »wie Elia tat« einfügen und in Vers 55b-56 »einige alte Textzeugen«

»Alte« Zürcher Bibel	Rev. Elberfelder 1975	Schlachter 2000
(54) […]: ›Herr, willst du, dass wir Feuer vom Himmel fallen und sie verzehren heißen?‹	(54) […]: ›Herr, willst du, dass wir Feuer vom Himmel herabfallen und sie verzehren heißen, wie auch Elia tat?‹	(54) […]: ›Herr, willst du, dass wir sprechen, dass Feuer vom Himmel herabfallen und sie verzehren soll, *wie es auch Elia getan hat?*‹
(55) Er aber wandte sich um und bedrohte sie.	(55) Er aber wandte sich um und schalt sie.	(55) Er aber wandte sich um und ermahnte sie ernstlich und sprach: *Wisst ihr nicht, welches Geistes [Kinder] ihr seid?*
(56) Und sie begaben sich in ein anderes Dorf.	(56) Und sie gingen nach einem anderen Dorf.	(56) *Denn der Sohn des Menschen ist nicht gekommen, um die Seelen der Menschen zu verderben, sondern zu erretten! Und sie zogen in ein anderes Dorf.*

den Zusatz bieten, der sich zum Beispiel in der Schlachter-Bibel (2006) findet. Man beachte hierbei den Unterschied: »viele« (V. 54) und »einige« Textzeugen (V. 55b-56). In der rev. Elberfelder Bibel (2006) findet man überdies – im Gegensatz zur Textentscheidung der rev. Elberfelder Bibel von 1975 – die Information, dass es sich bei den Handschriften, die in Vers 54 den oben genannten Zusatz aufweisen, um »andere Handschriften« handelt. So wird über den Vergleich der Anmerkungen schnell klar, dass die Zürcher Bibel hier den zuverlässigsten Text bietet, der mittlerweile von den gängigsten Übersetzungen ebenso wiedergegeben wird. Leser der deutschen Übersetzungen, die nicht anhand des griechischen Textapparates und einer komplizierten textkritischen Methodik eigenständig entscheiden können, sollten deshalb wie folgt vorgehen:

- Oftmals geben bereits die genannten Anmerkungen in »neueren« Übersetzungen Aufschluss über die Textlage (z.B. in der rev. Elberfelder Bibel [1985/92]). Hierbei ist jedoch zu beachten, dass sich die Unterscheidung zwischen »neueren« und »älteren« Übersetzungen nicht auf das aktuelle Erscheinungsdatum der Bibelübersetzung bezieht, sondern darauf, ob die deutsche Übersetzung auf den neuesten Handschriftenfunden (z.B. Luther 1984, rev. Elberfelder 1985/92) oder auf den älteren Handschriftenbeständen (z.B. Schlachter 2000) beruht.
- Zur Beurteilung der Textvarianten sind allerdings nicht die Bibelübersetzungen, welche die gleiche Überlieferungsvariante bieten, zu »zählen«, sondern sie sind zu »wägen«. Das heißt: Nicht die Quantität (Anzahl) der aktuellen Textüberlieferung, sondern die Qualität (Ursprünglichkeit) der Überlieferung entscheidet. Aus diesem Grund sind die Informationen der Anmerkungen sorgfältig auszuwerten und zu vergleichen.
- Als Hilfestellung zur Entscheidungsfindung findet der Ausleger meist in einem der Kommentare zur entsprechenden Stelle nähere und hoffentlich begründende Erklärungen.

Als Faustregel könnte gelten: *Wo mehrere »neuere« Übersetzungen gegenüber den »älteren« textlich übereinstimmen, sollte man den »neueren« folgen.*

Denn eine große Zahl wertvoller Texte konnten erst Ende des 19. und Anfang des 20. Jahrhunderts gefunden und erst in den letzten Jahrzehnten ausgewertet werden. So steht den neueren Übersetzungen eine bessere und sicherere Textbasis zur Verfügung als noch den alten Ausgaben.

Allerdings ist bei manchen der »neueren« Übersetzungen hinsichtlich des Alten Testaments (z.B. Zürcher oder Jerusalemer Übersetzung) Vorsicht geboten. Sie neigen dazu, schwer zu übersetzende hebräische Textpassagen willkürlich zu ändern und infolgedessen einen Wortlaut zu bieten, der durch keine alten Texte abgedeckt ist (sog.

»Konjekturen«). Solch kritischer Experimentierfreude sollte man grundsätzlich zurückhaltend gegenüberstehen. Hier bietet sich an, in anderen Übersetzungen und soliden Kommentaren nachzusehen, ob der überlieferte Text nicht doch einen Sinn ergibt, auf den besser zu bauen ist als auf wechselnde wissenschaftliche Vermutungen.

b) Das Problem der Übersetzungsweisen

Das zweite Problem hat nicht mit der Textüberlieferung, sondern mit der jeweiligen Übersetzungsweise des Textes zu tun.

Wer heute das Wort Gottes in deutscher Sprache lesen will, der stößt auf ein äußerst reichhaltiges Übersetzungsangebot: *Bruns* [Br] – *DaBhaR* – *Einheitsübersetzung* [EÜ] – *Elberfelder Bibel* [ELB] – *Gute Nachricht Bibel* [GNB] – *Hoffnung für alle* [HfA] – *Interlinearübersetzung* [ILÜ AT/NT] – *Jerusalemer Übersetzung* [JÜB] – *Lutherbibel* [LU] – *Menge* [ME] – *Neue evangelistische Übersetzung* [NeÜ] – *Neue Genfer Übersetzung* [NGÜ] – *Neues Leben Bibel* [NLB] – *Schlachter Bibel* [SCHLA] – *Zürcher Bibel* [ZÜ] u.a. Für das Alte Testament (z.B. *Buber – Tur-Sinai*) und das Neue Testament (z.B. *Albrecht – Konkordantes Neues Testament – Bengel – Das Buch – Stern – Wilckens – Willkommen daheim*) gibt es darüber hinaus noch verschiedenste Teilausgaben. Von daher fragt jeder Bibelleser, der die Originalsprachen Hebräisch, Aramäisch und Griechisch der Bibel nicht kennt, mit Recht danach, welche Übersetzung das ursprüngliche Wort Gottes unverfälscht und zuverlässig wiedergibt.

Aus diesem Grund sollte der Benutzer von Bibelübersetzungen beachten, wie innerhalb des Wortes Gottes die Frage nach dem Umgang mit Übersetzungen beantwortet wird. Nachdem sich in der zwischentestamentarischen Zeit der Hellenismus immer weiter ausbreitete und Griechisch zur Weltsprache wurde, benötigte das Judentum vor allem in der Diaspora eine Übersetzung der hebräischen Bibel (AT), da die hebräische Sprachkenntnis nicht mehr überall hinreichend ausgeprägt war. Aus diesem Grund wurde eine griechische Übersetzung des Alten Testaments angefertigt, damit jeder Jude die Schrift (AT) lesen konnte. Diese Übersetzung trug den Namen Septuaginta (LXX, lateinisch für 70). Die Septuaginta leitet ihren westlichen Namen von der sogenannten Aristeas-Legende ab. Hiernach hätten in Alexandria in Ägypten im 3. vorchristlichen Jahrhundert 72 jüdische Gelehrte den ganzen Pentateuch (5 Bücher Mose) in 72 Tagen aus dem Hebräischen ins Griechische übersetzt. Später wurde dann das gesamte AT übersetzt. Diese Übersetzung fand eine weite Verbreitung und war auch in den ersten christlichen Gemeinden im Gebrauch. Von daher ist interessant, dass die biblischen Autoren (vgl. z.B. Spr 3,12 mit Hebr 12,6; Spr 3,34 mit Jak 4,6; Spr 11,31 mit 1Petr 4,18; Jes 40,13 mit Röm 11,34; Jes 42,4 mit Mt 12,21) gelegentlich den Text der LXX verwendeten, der ja nicht ein inspirierter Urtext, sondern eine Übersetzung desselben ist. Somit ergibt sich aus der gelegentlichen Verwendung der LXX im Neuen Testament, dass Übersetzungen nicht von vornherein von geringerer Bedeutung oder schlechterer Qualität sind. Eine solide Übersetzung des Alten Testamentes wird von den biblischen Autoren als inspiriertes Wort Gottes gewertet und deshalb im Neuen Testament integriert.

Aber gerade die vorgenannten Beispiele aus der LXX zeigen, dass die inspirierten Apostel nicht nur »wortgetreue«, sondern auch »sinngetreue« Übersetzungen verwendeten, um Gottes Wort niederzuschreiben. Darum muss der Benutzer von Bibelübersetzungen wissen, dass es grundsätzlich zwei unterschiedliche, aber durchaus berechtigte Übersetzungskonzeptionen gibt: Zum einen das Prinzip des »wörtlichen« Übersetzens, die sogenannte wortgetreue oder konkordante Methode. Solche Übersetzungen arbeiten nach dem Prinzip der formalen Äquivalenz (Gleichwertigkeit), indem sie versuchen, die Form der Grundsprache, aus der übersetzt wird, möglichst genau in die Zielsprache zu übertragen. Die Wortzahl und jeweilige Wortart der Grundsprache, ihr Satzbau und Stil werden möglichst wortgetreu wiedergegeben. Zum andern gibt es das Prinzip des »sinngetreuen« Übersetzens, man nennt es auch das Prinzip der dynamischen Äquivalenz. Das Hauptaugenmerk gilt hierbei nicht der Wiedergabe der Form der Grundsprache, sondern dem Erfassen und genauen Wiedergeben ihres Inhalts bzw. Sinnes in den sprachlichen Ausdrucksweisen der Zielsprache. Dieser ursprüngliche Sinn soll in der Zielsprache so ausgedrückt werden, dass der Leser der Übersetzung (möglichst) den gleichen Eindruck erhält, wie ihn der ursprüngliche Autor im Blick auf den Erstleser beabsichtigt hatte.

Dem Übersetzer obliegt die schwierige Aufgabe, zwei Herren dienen zu müssen: zum einen der Grundsprache, aus der übersetzt wird, und zum anderen der Zielsprache, in die übersetzt wird. Wer konkordant übersetzt, orientiert sich mehr an den Gesetzen der Grundsprache; wer dynamischäquivalent übersetzt, an den Regeln der Zielsprache. Selten lässt sich beides zugleich ideal verbinden. So klingt Epheser 4,15f im wortgetreu übersetzenden *Konkordanten Neuen Testament* so:

> Wenn wir aber wahr sind in Liebe, sollten wir zum Wachsen bringen alles, hinein in ihn, der das Haupt ist, der Christus; aus dem der gesamte Körper, zusammen verbunden und vereinigt, durch jede Einverleibung der dargereichten Kost, nach der Wirksamkeit in dem Maße, das jeglichem einzelnen Teile zukommt, das Wachstum des Körpers vollzieht, zur Auferbauung seiner selbst in Liebe.

In der *Gute Nachricht Bibel* (1997), die sinngemäß übersetzt, kommt man dem deutschsprachigen Leser mehr entgegen:

> Vielmehr stehen wir fest zu der Wahrheit, die Gott uns bekannt gemacht hat, und halten in Liebe zusammen. So wachsen wir in allem zu Christus empor, der unser Haupt ist. Von ihm her wird der ganze Leib zu einer Einheit zusammengefügt und durch verbindende Glieder zusammengehalten und versorgt. Jeder einzelne Teil erfüllt seine Aufgabe, und so wächst der ganze Leib und baut sich durch die Liebe auf.

Somit ergeben sich folgende Grundsätze für die beiden Übersetzungsweisen:

Je *wortgetreuer* (»enger«) eine Übersetzung ist, desto offener ist sie für eine aktive Mitarbeit des Lesers bei der Interpretation und deshalb ist sie schwerer zu verstehen. Eine »Enge« in der Wortwahl bedeutet also eine »Weite« im Hinblick auf die Interpretation, denn eine Übersetzung nach dem Prinzip der formalen Gleichheit (formale Äquivalenz) versucht, den »Leser zum Text« zu bewegen.

Je *sinngetreuer* (»freier«) eine Übersetzung ist, desto verschlossener ist sie für eine aktive Mitarbeit des Lesers bei der Interpretation und deshalb ist sie leichter zu verstehen. Eine »Weite«

> in der Wortwahl bedeutet also eine »Enge« im Hinblick auf die Interpretation, denn eine Übersetzung nach dem Prinzip der kommunikativen Gleichwertigkeit (dynamische Äquivalenz) versucht, den »Text zum Leser« zu bewegen.

Für den Übersetzungsvergleich ist es wichtig, sowohl wortgetreue als auch sinngetreue Übersetzungen zur Hand zu nehmen. So erschließt sich dem Leser eine Bandbreite an sprachlichen Möglichkeiten des biblischen Grundtextes sowohl nach seiner formalen als auch nach seiner bedeutungsmäßigen Seite. Beispielhaft werden hier nur einige Übersetzungen aufgeführt. Nach dem konkordanten bzw. wörtlichen Prinzip gehen (mehr oder weniger) vor: das *Konkordante Neue Testament,* die Übertragung des *Alten Testaments von Martin Buber,* die *Elberfelder Bibel.* Das Prinzip der dynamischen Äquivalenz findet sich unter anderem in der *Gute Nachricht Bibel,* der *Menge-Bibel* und der *Hoffnung für alle.* Manche – ebenfalls bekannte – Übersetzungen versuchen einen Mittelweg (z.B. NT Ausgabe der *Neue Genfer Übersetzung, Luther 84, Einheitsübersetzung).* Im Anhang sind einige Literaturhinweise aufgeführt, die einen guten Überblick über verschiedene Bibelübersetzungen bieten.

c) Weitere Textprobleme

Hin und wieder stößt der Leser beim Übersetzungsvergleich auf Probleme, die weder auf die Textüberlieferung noch auf die Unterschiede zwischen wort- und sinngetreuer Übersetzung zurückzuführen sind. In Epheser 4,22f zeigen sich beispielsweise solche Differenzen. Das Neue Testament von Ludwig Albrecht schreibt:

> »Ihr habt [...] den alten Menschen abgelegt [...]. Ihr werdet aber jetzt erneuert im Geiste eurer Denkungsart und habt den neuen Menschen angezogen.«

Hier wird vorausgesetzt, dass der »alte Mensch« bereits abgelegt und der »neue Mensch« angezogen ist. Anders lautet die revidierte Elberfelder Bibel in der Ausgabe von 1975. Sie stellt einfach fest:

> »dass ihr […] den alten Menschen ablegt […], dagegen erneuert werdet in dem Geist eurer Gesinnung und den neuen Menschen anzieht […].«

In der Ausgabe von 2006 stimmt die Elberfelder Bibel dagegen in der Sache mit der Übersetzung von Albrecht überein. Und die alte Zürcher Bibel hat (mit vielen anderen) die Befehlsform:

> »dass ihr […] ablegen sollt den alten Menschen […], dagegen erneuert werden sollt durch den Geist in eurem inneren Wesen und anziehen sollt den neuen Menschen […].«

Alle bemühen sich um den gleichen griechischen Text, und doch wird der Sinn so unterschiedlich gedeutet! In diesem speziellen Fall geht es um ein grammatisches Problem, nämlich darum, wie Infinitiv Aorist und Infinitiv Präsens verstanden und übersetzt werden sollen. Wer in solchen Fällen nicht im Grundtext selbst nachprüfen kann, muss das Problem zunächst einmal zur Kenntnis nehmen und in verschiedenen Kommentaren nachsehen. Bei diesem Beispiel bietet es sich an, die Problemlösung bis zur Untersuchung der Begriffe und ihrer Verbindung in der Texteinheit (Schritt 6) aufzuschieben. Auf eine solche Untersuchung aufbauend lässt sich dann im Rahmen einer gesamtbiblisch-theologischen Betrachtung (Schritt 8) weiter erarbeiten, was das Neue Testament zum alten und neuen Menschen an anderen Stellen lehrt (z.B. Kol 3,9-10).

Beim Übersetzungsvergleich ist das genaue Beobachten die unverzichtbare Grundlage für alles weitere exegetische Arbeiten. Die sprachkundigen Übersetzer der Bibel, die sich mit Hebräisch, Aramäisch und Griechisch meist besser auskennen als der durchschnittliche Theologe, haben für den Leser, der die biblischen Grundsprachen nicht beherrscht, den Grundtext heute so erschlossen, dass er gründliche Auslegungsarbeit leisten kann, wenn er sich die verschiedenen Übersetzungen zunutze macht.

(2) Die Textbasis für die Auslegung festlegen

Bevor der Ausleger mit dem Auslegen des Textes beginnen kann, muss er sich aufgrund der vorangehenden Überlegungen die Frage stellen, wie der auszulegende Text nun eigentlich lautet. Daher kommt der Feststellung der Textbasis für den Ausleger höchste Priorität zu. *Die Aufgabe der Exegese ist und bleibt aber die Auslegung des Textes und nicht die Erschaffung eines Textes.* Es geht also bei der Festlegung der Textbasis für die auszulegende Texteinheit im Grund um eine Textfindung. Wird diesem Grundsatz Folge geleistet, entscheidet man sich nie für die Variante, die einem besser passt oder liegt, sondern man fragt immer nach der ursprünglich von Gott geschenkten Einheit und Intention eines Textes. Letzte Klarheit wird der Ausleger allerdings erst am Ende der Auslegung erhalten, wenn er seine exegetische Reise beendet hat. Jetzt geht es primär darum, an den entsprechenden Weggabelungen auf die Strecke einzubiegen, die einen am wahrscheinlichsten zum Ziel bringen wird. Nachfolgend werden zur Hilfestellung noch einmal nützliche Leitlinien gebündelt, die uns die Entscheidungsfindung erleichtern:

PRAKTISCHE LEITLINIEN FÜR DEN ARBEITSSCHRITT 2:

- Fertigen Sie einen Übersetzungsvergleich an. Markieren Sie wichtige Unterschiede, indem Sie Ihren Bibeltext in parallelen Spalten aus verschiedenen Übersetzungen darstellen. Berücksichtigen Sie hierzu Übersetzungen, die mit verschiedenen Übersetzungsansätzen arbeiten.
- Klären Sie, ob die Fragestellungen auf einer Überlieferungsvariante oder auf einer Übersetzungsvariante beruhen. Beachten Sie hierzu die Hinweise über die Ursachen von möglichen Textvarianten in den Anmerkungen und Fußnoten der deutschen Übersetzungen.
- Bewerten Sie die Unterschiede und treffen Sie eine Entscheidung. Wo mehrere neuere Übersetzungen gegenüber einer älteren textlich übereinstimmen, sollte man den neueren folgen.

Hierbei sind allerdings die Bibelübersetzungen, welche die gleiche Überlieferungsvariante bieten, nicht zu »zählen«, sondern zu »wägen«. Denn nicht die Quantität (Anzahl), sondern die Qualität (Ursprünglichkeit) der Überlieferung entscheidet. Aus diesem Grund sind die Informationen der Anmerkungen sorgfältig auszuwerten und zu vergleichen.

- Überprüfen Sie Ihre Ergebnisse, indem Sie schrift- und textgemäß arbeitende Kommentare zu Hilfe nehmen, die auf die unterschiedlichen Textvarianten, Wortbedeutungen und Übersetzungsmöglichkeiten eingehen. Halten Sie die Ergebnisse schriftlich fest, denn in Schritt 6 werden Sie sie noch einmal brauchen.
- Formulieren Sie ein vorläufiges Ergebnis, um sich die Beweggründe zu verdeutlichen, warum Sie sich für eine bestimmte deutsche Übersetzung als Grundlage der Auslegung entschieden haben.

Für die weitere exegetische Reise sollten Sie unbedingt folgenden Ratschlag von Gordon Fee beherzigen:

> Erstens ist es sicher eine gute Gewohnheit, vorwiegend eine Übersetzung zu lesen, vorausgesetzt sie ist wirklich gut. Das hilft beim Auswendiglernen und sorgt für Beständigkeit. Und wenn man eine der besseren Übersetzungen benutzt, wird man bei vielen Stellen, an denen es Schwierigkeiten gibt, in den Fußnoten Hinweise darauf finden. Für das Studium der Bibel sollte man jedoch mehrere gut gewählte Übersetzungen benutzen. Am besten ist es, Übersetzungen zu benutzen, von denen man schon vorher weiß, dass sie sich voneinander unterscheiden. Dann erkennt man sofort, wo viele der schwierigen exegetischen Probleme liegen.[19]

Im Folgenden werden wir uns auf die revidierte Elberfelder Bibel stützen, die uns aufgrund ihrer Formgenauigkeit für die Schritte drei bis zehn nützliche Dienste erweist. Im Übrigen empfehlen wir zum ergänzenden Gebrauch für diese Arbeitsschritte und zur leichteren Entdeckung der Textaussage die *Gute Nachricht Bibel*, die *Menge-Bi-*

19 G. D. Fee/D. Stuart: *Effektives Bibelstudium: Die Bibel verstehen und auslegen*, S. 41. 7. überarb. Aufl. Gießen: Brunnen, 2015.

bel, die *Neue Genfer Übersetzung* und die *John MacArthur Studienbibel* (Schlachter).

AUFGABEN ZUR EINÜBUNG DES ARBEITSSCHRITTS 2

Zu Psalm 1,1-6:

Wie ein Vergleich zeigt, sind sich hier die meisten Übersetzungen bis hin zum Wortlaut erstaunlich einig.

Vergleichen Sie dennoch eine der in Klammern genannten Übersetzungen (Elberfelder, Menge, Schlachter, Gute Nachricht Bibel) mit einer »freien« Übertragung, wie z.B. *Neues Leben* [NLB] oder Bruns.

Zu Epheser 4,1-6:

Vergleichen Sie genau drei Übersetzungen miteinander (wobei zumindest eine wortgetreu und eine sinngetreu sein soll). Am besten führen Sie den Übersetzungsvergleich durch, indem Sie sich die Übersetzungen in drei Spalten auf einem Blatt gegenüberstellen.

Stellen Sie größere Abweichungen fest, die nicht durch den Unterschied von wort- und sinngetreuer Übersetzung erklärt werden können?

Notieren Sie sich drei bis vier Punkte, bei denen die gleiche Sache unterschiedlich ausgedrückt wird.

SCHRITT 3

Die ursprüngliche Kommunikationssituation klären

Die ganze Bibel, Altes wie Neues Testament, ist ein in hohem Maße geschichtsbezogenes Buch. Sie erzählt durchgehend von Gottes Handeln in der Geschichte. Ihre Lehraussagen und Anweisungen sind jeweils in konkrete geschichtliche Situationen hineingegeben. Zutreffend formuliert Helmut Echternach:

> [Die Wahrheit der Bibel ist] verhüllt in Geschichte. Verborgen in den konkreten Situationen. Die biblischen Aussagen sind situationsbezogen [...]. Die Bibel zeigt die Wahrheit nicht direkt auf, sondern – sozusagen – in Spiegelschrift. Im Spiegel gelebten Lebens. Im Spiegel von Menschenschicksalen und im Spiegel von Geschichte.[20]

Im Verlauf von rund 1500 Jahren sind die 66 Bücher der Bibel geschrieben worden. Viele von ihnen berichten von Gottes Handeln mit seinem Volk Israel. Viele von ihnen wurden zu konkreten Anlässen verfasst und geben Antwort auf spezielle Nöte und Fragen, die sich in bestimmten Situationen ergaben. Zudem nehmen viele Aussagen der Bibel Bezug auf geschichtliche Vorgänge oder kulturelle Gegebenheiten aus der damaligen Umwelt, die dem modernen Leser nicht immer gleich vertraut sind.

Nun ist es das Anliegen jeder ernsthaften Auslegungsarbeit, die ursprüngliche Textbedeutung, also den vom biblischen Autor beabsichtigten Sinn einer Schriftstelle, so genau wie möglich herauszuarbeiten. Gott hat in der Bibel seine Gedanken in menschlicher Sprache und in ganz bestimmte geschichtliche Situationen hinein offenbart. Und der Ausleger, der dem göttlichen Wort seine Ehre gibt, wird so genau wie möglich zu erkennen suchen, was dieses Wort jeweils sagen wollte. Denn nur so kann er es verstehen und sachgemäß anwenden.

---

20 H. Echternach: »Was heißt Inspiration?« In *Theologische Beiträge* 9 (1978), S. 122f.

Wenn nun dieses Wort auf bestimmte geschichtlich-kulturelle Hintergründe anspielt oder auf konkrete Situationen antwortet – wenn zum Beispiel Paulus im 1. Korintherbrief auf bestimmte Gemeindenöte in Korinth eingeht oder der 2. Petrusbrief eine konkrete Irrlehre bekämpft –, wird der Ausleger diese geschichtlichen Umstände genau analysieren müssen, um die Absicht und die Botschaft der jeweiligen Bibelaussage nicht falsch zu verstehen. Denn wer die Fragen und Herausforderungen nicht versteht, wird sehr leicht die Antworten falsch deuten. Der Ausleger muss daher die jeweiligen geschichtlichen Zusammenhänge gut kennen und gedanklich durch genaues Beobachten in die Zeit des Textes zurückkehren. Weil jeder Text in vielfältiger Weise mit der Umwelt verwoben ist, in der er entstand, beginnen wir unsere Untersuchung mit dem engeren Kontext (= Buch) und fragen auf diesem Hintergrund nach dem weiteren Kontext (= Kultur) der auszulegenden Texteinheit. Von daher benötigen wir für die *historische* Analyse:

- eine spezielle Kenntnis der Abfassungssituation des jeweiligen biblischen Buches und
- eine allgemeine Kenntnis der Umwelt des Alten und Neuen Testaments.

LEITSATZ:

Die historische Analyse untersucht die ursprüngliche Kommunikationssituation sowie den geschichtlich-kulturellen und geografischen Kontext.

Man kann sich nicht von heute auf morgen Kenntnisse über die ursprünglichen Kommunikationssituationen der biblischen Texte verschaffen. Deshalb stellt der Arbeitsschritt der historischen Analyse ein langfristiges, aber lohnendes Projekt für jeden dar, der die Bibel von ihrem eigenen Hintergrund her besser verstehen will. Wer etwa Epheser 5 auslegen will, sollte mit den Familienstrukturen im 1. Jahrhundert vertraut sein. Wer sich mit Matthäus 6,24-34 beschäftigt, sollte sich mithilfe geeigneter Hintergrundinformationen vor Augen führen, in welcher finanziellen Situation sich die Hörerschaft Jesu typischerweise befand, wenn er ihnen aufträgt, sich nicht zu sorgen. Möchte der Ausleger den biblischen Aussagen über Matthäus 8,23-27 (Sturm auf dem See Genezareth) oder Matthäus 21,18-22 (Verfluchung des Feigenbaums) in allen Schattierungen gerecht werden, so benötigt er Kenntnisse über die topografische Situation am See Genezareth bzw. über die im 1. Jh. n.Chr. in Jerusalem wachsenden Feigenbäume. Wichtig ist, dass wir uns im Prozess der Auslegung von der zentralen Frage leiten lassen: *Welche Auswirkungen hat der Ertrag dieser historischen Nachforschungen für das Verständnis des auszulegenden Bibeltextes?* Wir dürfen uns hier nicht in vordergründig interessanten, aber für die Auslegung der Texteinheit überflüssigen Details verlieren. Eine andere Gefahr wäre, biblische Aussagen angesichts ihrer geschichtlichen Einbettung nur als zeitbedingt und nicht überzeitlich gültig anzusehen. In Arbeitsschritt 8 werden wir diese biblisch-theologischen Aspekte nochmals gesondert zu bedenken haben. Weil

> [...] ein Verfasser weit über seine eigene Zeit hinausgreifen kann, ist es nicht erlaubt, den Horizont eines Autors von vornherein auf den Horizont seiner eigenen Zeit zu beschränken. Dies gilt besonders für die Heilige Schrift. Zwar spricht der Herr, der Autor der Schriften, in einer bestimmten Zeit, aber er ist nicht an diese Zeit gebunden. Derjenige, der die biblischen Schriften textarchäologisch auffasst (auf dem Niveau der Sprache und der Zeit des Textes), steht zweifellos erst am Fuß des Berges Sinai. Gleichwohl müssen wir da stehen und darum der Zeit der Abfassung Aufmerksamkeit schenken.[21]

(1) Die literarische Abfassungssituation der Texteinheit betrachten

Der Ausleger sollte einen guten Einblick in die Entstehungssituation, den Anlass und die Absicht des auszulegenden Bibelbuches haben. Diese Hintergrundinformation trägt viel mehr zum genauen Verstehen des Bibeltextes bei, als die meisten Bibelleser vermuten. Fünf Fragestellungen (die sogenannten Einleitungsfragen) erschlie-

21 J. van Bruggen: *Wie lesen wir die Bibel? Eine Einführung in die Schriftauslegung*, S. 98. Neuhausen: Hänssler, 1998.

ßen dem Ausleger die Abfassungssituation eines biblischen Buches: **Wer** hat hier geschrieben (= Frage nach der Verfasserschaft)? Von **wo** aus wurde geschrieben (= Frage nach dem Abfassungsort)? **Wann** wurde geschrieben (= Frage nach der Abfassungszeit)? **Wem** wurde geschrieben (= Frage nach dem Empfänger)? **Warum** wurde geschrieben (= Frage nach dem Abfassungsanlass bzw. -ziel)?

Im Anhang werden einige Bücher aufgeführt, die interessante Informationen zu den Einleitungsfragen des AT und NT liefern.

a) Wer ist der Verfasser der Texteinheit?

Viele Bücher der Bibel nennen ausdrücklich ihre Verfasser. So ist der Absender des Römerbriefes der Apostel Paulus (Röm 1,1), der des 1. Petrusbriefes der Apostel Petrus (1Petr 1,1). Das Buch der Sprüche geht in großen Teilen auf Salomo zurück (Spr 1,1; vgl. aber 30,1; 31,1). Manche Bibelbücher nennen ihren Verfasser nicht ausdrücklich. Es ist in solchen Fällen meistens müßig, Spekulationen im Blick auf den Autor anzustellen (etwa beim Hebräerbrief, dem Richterbuch, den Chronikbüchern usw.). Grundsätzlich ist es jedoch hilfreich, den Verfasser zu kennen. Das auszulegende Buch lässt sich dann zeitlich besser einordnen und gibt so mehr Aufschluss über seine Abfassungssituation und Absicht.

Leider hat die neuzeitliche Bibelkritik gerade die Verfasserangaben biblischer Bücher weithin infrage gestellt. Während man das übergeht, was die Bibel ausdrücklich zur jeweiligen Verfasserschaft sagt, nimmt man die eigenen Entstehungshypothesen umso ernster und erledigt mit literarkritischen, form- und überlieferungsgeschichtlichen Argumenten die biblischen Verfasserangaben. Im Rahmen dieser Publikation, die sich mit den Fragen der Schriftauslegung nur im Zusammenhang der Vorbereitung einer Predigt, Andacht oder Bibelarbeit beschäftigt, kann weder eine kritische Würdigung aller Methoden noch eine ins Einzelne gehende Diskussion der kritischen Infragestellung biblischer Verfasserangaben erfolgen. Doch so viel sei bemerkt: Es ist für den kritischen Betrachter der Bibelkritik schon manches Mal verwunderlich, mit welcher Leichtigkeit ausdrückliche Selbstaussagen biblischer Bücher zu ihrer Verfasserschaft (bzw. neutestamentliche Aussagen über die Verfasser alttestamentlicher Bücher) abgewiesen oder uminterpretiert werden, während mit gläubiger Zähigkeit an hypothetischen »Verfassern« – heißen sie nun »Jahwist«, »Elohist«, »Deuterojesaja« oder »Paulusschüler« – festgehalten wird. Man ist so gläubig überzeugt von der Existenz wissenschaftlich vermuteter Tradenten, Redaktoren, Schülerkreise und kreativer Gemeindekollektive, dass man die naheliegende Frage übersieht, warum wohl die Bibel im Alten wie im Neuen Testament so häufig namentlich Gottesmänner nennt, die als Offenbarungsempfänger und Verfasser im Auftrag Gottes Schriften mit bis heute andauernder Wirkungsgeschichte hinterlassen haben. Die biblische Auskunft, dass überragende Werke mit überragenden (weil von Gott erwählten und befähigten) Persönlichkeiten in Verbindung zu bringen sind, wird von der Kritik übersehen oder angezweifelt. So ersetzt eine auf kollektivistische und evolutionistische Prozesse geeichte Sichtweise die biblische Darstellung durch ein selbst geschaffenes Entstehungsbild.

Die Bibel ist unsere beste – und in der Regel unsere einzige – Informationsquelle für ihre eigene Entstehung. Wer der Bibel nicht vertraut, wenn sie über sich selbst spricht, wird ihr auch nur bedingtes Vertrauen entgegenbringen, wenn sie über anderes spricht. Die Wahrheit der Heiligen Schrift erstreckt sich auf alle ihre Aussagen, auch die geschichtlichen. Diese gilt es zu verstehen, richtig einzuordnen und als wichtige Hintergrundinformation für die Auslegung fruchtbar zu machen. Vor allem sollten wir auf dem Hintergrund dieser Informationen auf die Besonderheiten und Schwerpunkte des jeweiligen biblischen Autors achten und sie in der Auslegung berücksichtigen und würdigen.

b) Wo wurde die Texteinheit verfasst?

Um den Hintergrund einer biblischen Schrift zu verstehen, kann die Kenntnis des Abfassungsortes hilfreich sein. Bei alttestamentlichen Büchern stellt sich etwa die Frage: Entstand die Schrift in Palästina oder in der Diaspora? Wurde sie im judäischen Südreich oder im

Nordreich Israel geschrieben? Gibt es archäologische Funde, die uns Detailkenntnisse über die örtliche Situation bieten? Bei den Briefen des Neuen Testaments hängen angesichts der Reisebewegungen der Apostel Ortsangabe und Abfassungszeit eng zusammen. Kann der Abfassungsort ermittelt werden, hilft das, die Abfassungszeit der Schrift ungefähr festzustellen. Oft ist die geografische Ortsangabe sogar zweitrangig, verglichen mit der eigentlichen Abfassungssituation. Ob der Brief an die Philipper in Caesarea oder Rom entstand, mag eine interessante Frage sein. Aber dass dieser Freudenbrief im Gefängnis geschrieben wurde (Phil 1,12ff), ist für die Interpretation noch bedeutsamer. Und könnte nicht die Tatsache, dass die Offenbarung des Johannes von einem Verbannten auf der Insel Patmos niedergeschrieben wurde (Offb 1,2.9f), eine Erklärung dafür bieten, dass diese Schrift einen weniger glatten Schreibstil aufweist als die übrigen johanneischen Schriften?

Den Abfassungsort eines Bibelbuches festzustellen, ist nicht immer leicht. Oft bleibt nur die Möglichkeit, aus kleinen Hinweisen im Text auf den Ort zu schließen (vgl. etwa 1Kor 16,19 mit Apg 18,24ff; siehe auch Hebr 13,24; 1Petr 5,13). Manchmal gibt es Nachrichten aus der frühen Kirchengeschichte, die uns den (möglichen) Abfassungsort einer neutestamentlichen Schrift überliefern. In anderen Fällen gibt es allenfalls Vermutungen über den Ort, wobei es dann am besten ist, die Herkunftsfrage offenzulassen. Angesichts dieser Schwierigkeiten wird es für den Nicht-Fachmann am besten sein, sich über den Abfassungsort einer biblischen Schrift in einem der gängigen Nachschlagewerke zu informieren, also in einem Bibellexikon, der Einleitung zu einem (evangelikalen) Kommentar über das betreffende Buch oder einer bibeltreuen »Einleitung« in das Alte oder Neue Testament.

c) Wann wurde die Texteinheit verfasst?

Keines der biblischen Bücher ist ausdrücklich auf Jahr und Tag datiert. So kann die Abfassungszeit immer nur annähernd aus den allgemeinen historischen Angaben erhoben werden. Grundlegend dafür ist das Wissen um den Verfasser und die Abfassungssituation.

Bei den Briefen des Apostels Paulus wird uns die Datierung dadurch etwas erleichtert, dass die Apostelgeschichte die paulinischen Missionsreisen schildert. So lassen sich die Hinweise in seinen Briefen mit den Angaben der Apostelgeschichte kombinieren. Trotzdem ist auch hier die Datierung im Einzelnen umstritten. Ob etwa der Brief an die Galater kurz nach der ersten oder erst auf der dritten Missionsreise geschrieben wurde (die sogenannte Süd- bzw. Nordgalatientheorie), wird diskutiert. Ob die Pastoralbriefe (Titus- und Timotheusbriefe) nach der ersten römischen Gefangenschaft des Apostels verfasst wurden (wie Verteidiger der Echtheit der Pastoralbriefe in den letzten 100 Jahren meist annahmen), oder ob eine Datierung noch auf der dritten Missionsreise (1Tim; Tit) bzw. in der caesareischen oder ersten römischen Gefangenschaft des Paulus (2Tim) angenommen werden kann, ist eine Frage.

Noch schwieriger ist die Datierungsproblematik bei den Evangelien. Zunächst ist hier zu klären, in welcher Beziehung die synoptischen Evangelien (Mt, Mk, Lk) zueinander stehen. Kommt man zu dem Ergebnis, dass diese Evangelien in einem literarischen Abhängigkeitsverhältnis zueinander stehen – was heute durchaus wieder umstritten ist –, wäre noch immer zu fragen, in welcher Reihenfolge die Entstehung gedacht werden kann. Zu fragen wäre dabei auch, was die Tatsache, dass das lukanische Doppelwerk (Lk und Apg) mit der Ankunft des Paulus in Rom plötzlich abbricht (Apg 28,31), für die Datierung des Lukasevangeliums zu bedeuten hat; vielleicht auch, was es für die Evangeliendatierung bedeuten würde, wenn das Fragment, das man in der 7. Höhle von Qumran, die nachweislich im Jahr 68 n.Chr. verschlossen wurde, gefunden hat, tatsächlich den Text von Markus 6,52f enthalten würde (was aber umstritten ist). Und auch im Blick auf das Johannesevangelium ist die Datierungsfrage nicht abschließend geklärt. Zwar verbietet ein neuerer Papyrusfund (der aus dem frühen 2. Jh. n.Chr. stammende p 52) die früher von Kritikern vertretene Spätdatierung ins zweite Jahrhundert; doch wird die gängige Ansetzung gegen Ende des ersten Jahrhunderts heute verschiedentlich infrage gestellt, und manche halten Johannes gar für den frühesten der Evangelisten. Zumeist jedoch wird Markus als das älteste Evangelium angesehen. Man rechnet dann mit der sog. »Zwei-Quellen-Theorie«: Lukas und Matthäus hätten unabhängig voneinander das Markusevangelium und eine (hypothetische) Quelle »Q« benutzt. Andererseits gibt es auch eine wachsende Anzahl Forscher, die das Matthäusevangelium als ältestes Evangelium ansehen: Matthäus sei von Lukas, und beide von Markus benutzt worden. Andere, die stärker den jüdischen Hintergrund der Evangelienentstehung betonen, rechnen mit einer unabhängigen Entwicklung der Synoptiker, die jedoch alle drei auf eine fest geformte mündliche Jesusüberlieferung zurückgingen.

Diese Beispiele mögen den Ausleger davor bewahren, allzu dogmatisch mit zeitlichen Einordnungen umzugehen. Andererseits aber ist es wichtig, dass die Datierung von Bibelbüchern in voller Harmonie mit allen bekannten biblischen Fakten geschieht und dass Verfasser-, Orts- und Zeitangaben einheitlich zusammenpassen. Spätdatierungen biblischer Schriften, wie sie heute unter sachkritischer Ablehnung der ausdrücklichen Verfasserangaben der Bibel noch immer üblich sind, erweisen sich unter dieser Perspektive als unsachgemäß. Da die Datierung von Bibelbüchern gute Kenntnisse der inner- und außerbiblischen Fakten verlangt, wird auch hier der Nicht-Fachmann die Hilfe von Nachschlagewerken in Anspruch nehmen müssen. Im Anhang sind zudem einige Schriften aufgeführt, die zur Datierung der neutestamentlichen Schriften Stellung beziehen.

d) Für wen wurde die Texteinheit verfasst?

Manchmal erwähnt eine biblische Schrift ihre Empfänger ausdrücklich. So nennt Paulus im Brief an die Römer als Adressaten »alle Geliebten Gottes, berufene Heilige in Rom« (Röm 1,7); in 1. Korinther »die Gemeinde Gottes in Korinth, die Geheiligten in Christus Jesus, die berufenen Heiligen samt allen, die an jedem Ort den Namen unseres Herrn Jesus Christus anrufen« (1Kor 1,2); im 1. Timotheus »Timotheus, mein echtes Kind im Glauben« (1Tim 1,2). Liegen solche Angaben vor, sind sie genau zu beachten. Denn beim 1. Korinther stellt sich zum Beispiel die Frage: Warum erweitert Paulus die Adressatenangabe in 1. Korinther 1,2 von der örtlichen Gemeinde auf die »Heiligen ... an jedem Ort«? Darüber hinaus gilt es, sich von anderen biblischen Aussagen her ein möglichst genaues Bild dieser Adressaten zu verschaffen.

An anderen Stellen ist die Empfängerangabe eher allgemein (vgl. Jak 1,1; 1Petr 1,1) oder möglicherweise sogar verschlüsselt (2Joh 1). In vielen Bibelbüchern – besonders im Alten Testament – werden die Empfänger überhaupt nicht genannt. Manchmal lässt in diesem Fall der Inhalt auf den jeweiligen Empfängerkreis schließen. Doch sollte man sich hierbei vor der Gefahr des Spekulierens hüten. Denn gewagte Hypothesengebäude tragen wenig zum geschichtlichen Fundament der Exegese bei.

e) Aus welchem Anlass und mit welchem Ziel wurde die Texteinheit verfasst?

Hier kommen wir zu einem zentral wichtigen Punkt. Die Frage, warum eine biblische Schrift verfasst wurde, ist – besonders bei Gelegenheitsschreiben wie den neutestamentlichen Briefen – eine unerlässliche Voraussetzung für eine genaue geschichtsbezogene Auslegungsarbeit an der Bibel. Erst wenn ich die Fragen und Probleme verstanden habe, auf die Paulus etwa im Brief an die Kolosser eingeht, kann ich auch seine Antwort richtig einordnen. Erst wenn ich die Situation klar erfasse, auf die der Schreiber des Briefes an die Hebräer antwortet, kann ich seine vielfältigen und nicht immer einfachen Ausführungen als gezielte Argumente samt ihrer Aussageabsicht erkennen. Bei den großen Prophetenbüchern des Alten Testaments, die Sammlungen der Aussprüche des Propheten aus verschiedenen Zeiten enthalten, gilt es, weniger den Anlass des gesamten Buches zu erfassen als vielmehr den der jeweiligen Spruchreihe.

Nun gibt es für Bibelbücher keine antiken Begleitschreiben, die uns den Grund für ihre Abfassung jeweils näher erklären. Warum eine bestimmte Schrift verfasst wurde, muss schon aus ihrem eigenen Inhalt hervorgehen. Da werden Missstände, Irrlehren und Gegner benannt, Stichworte des bekämpften Gegenübers aufgegriffen und hier und dort Situationen angedeutet, die sich wie ein Puzzlespiel zu einem Gesamtbild fügen. Manchmal geben die Erzählbücher der Bibel in ihren Situationsschilderungen einen guten Hintergrund für die prophetischen und apostolischen Gelegenheitsschreiben ab. Genaues historisches Beobachten und Kombinieren auch schwer zu durchschauender Textaussagen ist da vom Ausleger verlangt, dazu ein gutes Hintergrundwissen über die religiösen Strömungen und zeitgeschichtlichen Ereignisse der jeweiligen biblischen Epoche. Dieses Basiswissen und das fein beobachtende Sehen des Auslegers lassen den Anlass transparent werden, dem – menschlich gesehen – ein biblisches Wort seine Entstehung verdankt. Sie zeigen die Frage, das Problem, die Not, um die es konkret geht. Wer diesen Anlass klar erkannt hat, wird die Antwort des betreffenden Bibelbuches verstehen und sachgemäß auf Probleme von heute anwenden können.

Und wenn sich einmal – trotz genauen Hinsehens – keine konkreten Anhaltspunkte für den Anlass bestimmter biblischer Bücher zeigen? Dann ist es auch hier so, dass fantasievolle Hypothesenbildung kein guter Grund ist, auf den die Auslegung aufbauen könnte. Allerdings dürfte dies bei den prophetischen und apostolischen Gelegenheitsschreiben kaum der Fall sein. Hier lohnt sich ausdauerndes Beobachten – und auch das Nachlesen in einem Nachschlagewerk. Bibellexika, einschlägige Kommentare oder sogenannte Einleitungen zum Alten und Neuen Testament sind in diesem Fall das rechte Handwerkszeug für den Ausleger. Auch hierzu gibt es im Anhang Literaturempfehlungen.

(2) Die geschichtlich-kulturelle Abfassungssituation der Texteinheit betrachten

Schon bei der überblicksmäßigen Beschäftigung mit der auszulegenden Texteinheit sind uns Dinge aufgefallen, die der Klärung bedürfen (Schritt 1). Solche Punkte können nun im Rahmen der geschichtlich-kulturellen Untersuchung geklärt werden. In Esra 10,9 ist zum Beispiel davon die Rede, dass die Leute in Jerusalem am 20. Tag des 9. Monats frierend im Regen auf der Straße saßen. Aus solch einer

Nachricht ergeben sich mehrere Sachfragen: Wann ist es in Israel regnerisch und kalt? Welche Monatseinteilung hatte man in Israel? Welchem Datum entspricht diese Zeitangabe nach unserem Kalender? Es kann auch sein, dass wir in der Bibel von Sitten und Gebräuchen, von Festen und heiligen Handlungen lesen, die uns fremd erscheinen. Mit der Konkordanz, dem Bibellexikon, Kommentaren und Fachbüchern zu der jeweiligen Thematik können wir diesen Dingen nachgehen.

Das Wort Gottes handelt also nicht von einem geschichtslosen Raum, sondern wurde in und von einer konkreten geschichtlichen Situation her geschrieben. Deshalb ist es wichtig, dass sich der Bibelausleger zum angemessenen Verständnis der Bibel beispielsweise Kenntnisse über die Welt des Alten Testaments verschafft: über die Geschichte Israels im Kontext des alten Orients sowie das religiöse und kulturelle Leben der damaligen Zeit. Da sich z.B. allein die Entstehung und das Leben des Volkes Gottes im Kontext unterschiedlichster Weltreiche (Ägypten, Assyrien, Babylonien, Persien, Griechenland und Römisches Reich) ereignete, ist eine Kenntnis der jeweiligen Sitten und Gebräuche unerlässlich.

Weiter benötigt der Bibelausleger Kenntnisse der geschichtlichen Hintergründe des Neuen Testaments. Hier geht es um geschichtliche Ereignisse in Palästina in der Zeit zwischen den Testamenten und im 1. Jahrhundert unserer Zeitrechnung sowie um die geschichtliche Entwicklung des Urchristentums und der religiösen Strömungen zur damaligen Zeit. Von besonderer Bedeutung ist es darüber hinaus, dass sich der Ausleger mit dem Judentum der zwischen- und neutestamentlichen Ära vertraut macht. Denn das Frühjudentum bildet den unmittelbaren Hintergrund für die neutestamentliche Geschichte. Da die biblischen Berichte nicht in unserer Zeit verfasst wurden, müssen wir uns gedanklich in die damalige Zeit zurückversetzen und versuchen, diese Zeit kennen und verstehen zu lernen, indem wir uns ihren politischen und militärischen (Herrschaftsformen, Namen, Gegner, Koalitionen, Bedrohungen in der Außen- und Innenpolitik usw.), ihren sozialgeschichtlichen (gesellschaftliche Schichten, soziale Gruppen, Wirtschaft, Handel usw.), rechtlich-ethischen (Gesetzgebung, Gewohnheitsrecht, Moral usw.), kulturgeschichtlichen (Alltag,

Sitten und Gebräuche, Nahrung, Wohnung, Beruf usw.) und religiösen (Kulte, Frömmigkeit, synkretistische und säkularisierende Tendenzen usw.) Hintergrund ins Bewusstsein rufen. Zu einer gründlichen Erarbeitung des geschichtlichen Umfeldes der biblischen Texte helfen die im Anhang aufgeführten Literaturhinweise.

(3) Die geografische Abfassungssituation der Texteinheit betrachten

Schließlich wird es für den Ausleger nützlich sein, mittels historisch-geografischer Hilfsmittel Orientierung in Fragen der historischen Geographie zu erhalten. So können anhand von Karten, Übersichten und Grundrissen geschichtliche Vorgänge, von denen die Bibel spricht, lokalisiert und veranschaulicht werden. Hat man sich Klarheit über die geografischen sowie die damit zusammen- hängenden botanischen, klimatischen und zoologischen Gegebenheiten verschafft, so kann dies das Verstehen der biblischen Berichte ungemein erleichtern. Ein Verstehen der auszulegenden Texteinheit ist oftmals nur schwer möglich, wenn wir uns nicht Klarheit über die örtlichen Gegebenheiten verschafft haben. Beschäftigt sich der Ausleger zum Beispiel mit 1. Könige 18,46 und will erläutern, wie es Elia gelang, vor dem Wagen des Königs Ahab nach Jesreel herzulaufen, so ist es erforderlich, nicht nur die geistlich-theologische Seite (»die Hand des Herrn kam über Elia«), sondern auch die topografischen Gegebenheiten der Jesreel-Ebene zu berücksichtigen.

Im Anhang sind Angaben zu empfehlenswerten Atlanten, Lexika, Handbüchern und Computerprogrammen zu finden.

PRAKTISCHE LEITLINIEN FÜR DEN ARBEITSSCHRITT 3:

- Klären Sie zuerst die literarische Abfassungssituation des Textes durch die Beantwortung der Einleitungsfragen. Die grundsätzlichen Informationen über den Verfasser der auszulegenden Texteinheit – wer, wo, wann, an wen und warum er schreibt – beeinflussen die Bedeutung und müssen deshalb im Zuge der Auslegung in möglichst knapper und prägnanter Form berücksichtigt werden.
- Gehen Sie den Text sorgfältig durch, indem Sie nach geschichtlich-kulturellen und geografischen Bezügen suchen.
- Suchen Sie zuerst im Text selbst und seinem unmittelbaren Zusammenhang nach Antworten.
- Nutzen Sie die Hilfestellungen, die andere biblische Bücher derselben Zeitepoche bzw. mit derselben Fragestellung bieten. Besonders die Geschichtsbücher der Bibel helfen hier weiter.
- Machen Sie sich sachkundig, indem Sie Kommentare, Lexika und Spezialliteratur zu Rate ziehen.
- Halten Sie fest, welchen Nutzen die Antworten für die Fragestellungen des Textes erbringen. Formulieren Sie nicht zu früh endgültige Antworten. Beschränken Sie sich auf das Beobachten und Zusammentragen von Informationen. Betätigen Sie sich als »Jäger und Sammler«. Formulieren Sie erst am Ende in gegenseitiger Ergänzung aller gemachten Beobachtungen das Ergebnis der Auslegung.

AUFGABEN ZUR EINÜBUNG DES ARBEITSSCHRITTS 3

Zu Psalm 1,1-6:

Lesen Sie die Artikel »Psalmen« im Lexikon zur Bibel, Hg. Rienecker/Maier/Schick/Wendel, S. 939 – 942 und »Ackerbau« im Lexikon zur Bibel, Hg. Rienecker/Maier/Schick/Wendel, S. 20 – 23.

Welcher konkrete Vorgang steht hinter der Bildrede von der »Spreu, die der Wind verweht« (V. 4)? Wie haben wir uns die entsprechende Tätigkeit im damaligen Israel vorzustellen?

Zu Epheser 4,1-6:

Lesen Sie die Artikel »Epheserbrief/Ephesus« im Lexikon zur Bibel, Hg. Rienecker/Maier/Schick/Wendel, S. 289 – 293 und »Gefangene / Gefangenschaft/Gefängnis« im Lexikon zur Bibel, Hg. Rienecker/Maier/Schick/Wendel, S. 383 – 385.

Wie haben wir uns die Situation eines Gefangenen in der damaligen Zeit vorzustellen (V. 1)?
Was ist mit der Aussage in Vers 6 gemeint, dass Gott unser Vater »durch alle« ist?

SCHRITT 4

Den Zusammenhang der Texteinheit erfassen

Wer hätte sich noch nie missverstanden gefühlt und protestiert, man habe seine Worte aus dem Zusammenhang gerissen? Keiner von uns hat es gern, wenn ihm solches widerfährt. Mit Aussagen, die aus dem Zusammenhang genommen sind, lässt sich alles beweisen und alles verdrehen. Bekanntlich sind Sekten Meister im Anführen von Versen, die aus dem biblischen Zusammenhang gerissen sind. Um solch einen Missbrauch zu vermeiden, muss eine verantwortliche Auslegung den literarischen und theologischen Zusammenhang eines Bibelwortes beachten, damit sie den ursprünglichen Sinn einer Aussage versteht.

Die Fachbezeichnung für den Textzusammenhang lautet Kontext (von lateinisch *con* = »zusammen« und *textus* = »gewoben«). Dieser Textzusammenhang muss bei der Auslegung unbedingt berücksichtigt werden, da sich nur so die ursprüngliche Textbedeutung erheben lässt. Im Grunde genommen bildet die gesamte Bibel den Kontext für die auszulegende Texteinheit. Doch für die exegetische Praxis sind die kleineren Einheiten bis hin zum unmittelbaren literarischen Zusammenhang von besonderer Bedeutung (zum Beispiel Evangelien- oder Briefzusammenhang). Die größte Bedeutung besitzt in der Regel die kleinste Einheit, die zur Abgrenzung der auszulegenden Texteinheit verhilft und nicht weiter in Paragrafen oder Abschnitte unterteilt werden kann, ohne den Gedankenfluss des Textes zu zerstören.

Eine Texteinheit (Perikope) ist eine zusammenhängende, thematisch-inhaltliche Sinneinheit, die in formaler Hinsicht vom Kontext abgegrenzt werden kann. Allerdings darf eine Texteinheit nie isoliert von ihrem Kontext betrachtet werden, da den biblischen Autoren diese kleineren Einheiten als Bausteine für den Aufbau ihrer Bücher dienen. Wenn wir nun verstehen wollen, wie die biblischen Autoren ihren Gesamttext aufgebaut haben, müssen wir die kleineren Bausteine (Texteinheiten) identifizieren und ihre Funktion für den Gesamtzusammenhang bestimmen. Dazu müssen wir herausfinden, wo die

Texteinheit genau beginnt und aufhört, sie also nach vorne und hinten abgrenzen. Anschließend lässt sich sehen, wie sie dem größeren Textzusammenhang zuzuordnen ist. Um den Zusammenhang der Texteinheit erfassen zu können, müssen wir also den Kontext der Texteinheit analysieren (*kontextuelle* Analyse).

LEITSATZ:
Die kontextuelle Analyse hat das Ziel, die auszulegende Texteinheit im Zusammenhang zu betrachten.

Um Missverständnisse und Fehldeutungen zu vermeiden, verengt sich die kontextuelle Untersuchung in konzentrischen Kreisen von der Einbettung der Texteinheit im Buchkontext (1) über die Funktion der Texteinheit im Abschnittskontext (2) zum unmittelbaren Zusammenhang der Texteinheit durch die Abgrenzung der Texteinheit (3). Ist die Abgrenzung der Texteinheit erfolgt, wird ein innerbiblischer Vergleich mit den entsprechenden Parallelstellen (synoptischer Vergleich) vorgenommen (4) und die chronologische Harmonisierung (Synchronologie) der Texteinheit im Kontext der Schrift erwogen (5).

(1) Die Einbettung der Texteinheit im Buchkontext feststellen

Wenn wir uns dem Buchkontext zuwenden, muss vor allem gefragt werden: Was ist die Absicht, das Thema dieses Buches, aus dem unsere auszulegende Texteinheit genommen ist? In manchen Bibelbüchern wird das Thema deutlich genannt (etwa Pred 12,13; Lk 1,1-4; Joh 20,30f). Oft jedoch muss das Gesamtthema aus der Gedankenführung und dem Inhalt der betreffenden Schrift erschlossen werden. Die vorangehende historische Analyse (Schritt 3) ist dabei von großer Hilfe. Ist nämlich der Anlass einer Schrift bekannt, liegt auch auf der Hand, welches Anliegen diese Schrift verfolgt. Es kann dann nur noch darum gehen, nachzuzeichnen, wie das Buch die entsprechende

Thematik entfaltet – konkret: in welche großen Sinneinheiten sich das Buch aufgliedert.

Wäre man hier ganz auf eigene Arbeit angewiesen, würde diese Buchkontext-Analyse eine mühevolle und langwierige Sache sein. Zum Glück ist das jedoch nicht so. Manche Bibelausgaben, wie etwa die Menge-Bibel, Scofield-Bibel, Genfer Studienbibel oder die John MacArthur Studienbibel, haben sehr ausführliche Buchgliederungen, aus denen die Themenentfaltung des Buches ersichtlich ist. Im Übrigen helfen hier die Einführungskapitel der Bibelkommentare, Literatur zu den Einleitungsfragen der Bücher der Bibel oder spezielle bibelkundliche Veröffentlichungen.

(2) Die Funktion der Texteinheit im Abschnittskontext ermitteln

Als Zweites muss der Abschnittskontext untersucht werden. Der Überblick, den wir beim Studium des Buchkontexts gewonnen haben, kann uns dabei bereits helfen. Jedes Buch der Bibel, das mehrere Kapitel hat, wird in einige große Sinnabschnitte zerfallen (Makrokontext). Häufig können die Kapitel helfen, Sinneinheiten zu erfassen. Doch Vorsicht: Sinneinheiten sind nicht immer identisch mit Kapitelangaben! Denn nicht immer sind die im ausgehenden Mittelalter getroffenen Kapiteleinteilungen inhaltlich plausibel. Hin und wieder sind sie für die Abgrenzung von Sinneinheiten eher störend. Und Sinneinheiten können auch kleiner sein als der Umfang eines Kapitels.

Der Ausleger muss also erstens sehen, zu welchem größeren Abschnitt des Buches die auszulegende Texteinheit gehört. Er stellt dann zweitens fest, welche Bedeutung oder Funktion dieser Abschnitt im Zusammenhang des Gesamtthemas des Buches hat. Drittens richtet er sein Augenmerk auf die Gedankenentfaltung innerhalb des Buchabschnitts. Gefragt wird dabei, wie sich der entsprechende Abschnitt des Buches aufbaut. Von da aus ist es leicht, die Position der auszulegenden Texteinheit innerhalb des größeren Sinnzusammenhangs zu bestimmen.

(3) Die Abgrenzung der Texteinheit vornehmen

Der Zielpunkt der kontextuellen Analyse ist die Untersuchung des unmittelbaren Kontextes. Dabei muss genau beachtet werden, was der gewählten Texteinheit unmittelbar vorangeht und folgt. Ziel der Beobachtung ist es, den Gedankenfortschritt im Einzelnen nachzeichnen zu können. Liegt eine Kontinuität der Gedankenfolge vor? Oder setzt als Kontrast ein neues Teilthema ein? Wird mit der Texteinheit ein Abschnitt eröffnet bzw. beendet? Oder gehört sie in einen größeren Sinnzusammenhang, dessen Gedanken sie fortsetzt oder in eine neue Richtung lenkt? Es gibt nur wenige Textarten (wie etwa die alttestamentliche Spruchweisheit), bei denen es schwierig oder gar unmöglich ist, einen Zusammenhang zwischen Text und unmittelbarem Kontext aufzuzeigen. Meist ist ein fortschreitender Gedankenfluss gegeben, und die kontextuelle Analyse hilft, den Sinn eines Abschnittes innerhalb der gegebenen Gedankenfolge aufzuweisen. Wer den Kontext gut verstanden hat, sollte gegen krasse Fehlinterpretationen des Textes gefeit sein.

Methodisch kann für eine Erstorientierung die Betrachtung der Textabgrenzungen in den verschiedenen Bibelübersetzungen hilfreich sein. Indem man versucht, die Vers- und Abschnittseinteilung nachzuvollziehen, erkennt man schnell, ob diese zutreffen, wenn man auf die Kennzeichen achtet, die entweder Zusammengehörigkeit oder Trennung der Texteinheiten signalisieren. Zusammengehörigkeitssignale (Kohärenzsignale) können zum Beispiel Wiederholungen, formelhafte Elemente, Verbindungswörter usw. sein. Trennungssignale (Segmentierungssignale) können zum Beispiel Orts-, Zeit-, Personen- oder Themenwechsel sowie zusammenfassende überschriftsähnliche Sätze, Einleitungsformeln (»Amen, Amen ich sage euch«; vgl. Joh 5,19.24.25; »Und es geschah …«; vgl. Lk 9,18.28.37) usw. sein. Ergibt nun die kontextuelle Analyse – und dabei speziell die Untersuchung des unmittelbaren Zusammenhangs –, dass die Texteinheit (etwa für die Bibelarbeit, Predigt oder Andacht) doch nicht ganz sinnvoll abgegrenzt war, muss sie um des Sinnzusammenhangs willen entsprechend erweitert oder verkürzt werden. Solch eine Korrektur wäre spätestens an dieser Stelle nachzuholen.

In den geschichtlichen Büchern ist die Abgrenzung der Texteinheit meist durch den einheitlichen Zusammenhang von Zeit, Ort und Personen gegeben, welche die Geschichte dominieren. Erfolgt ein Wechsel der Zeit, des Ortes, des Themas und/oder der Personen, ist dies in der Regel ein Indiz dafür, dass eine neue selbstständige Begebenheit nachfolgt, die als solche abzugrenzen ist.

In den prophetischen Büchern werden die zusammenhängenden Einheiten meist durch einleitende Formeln (»das Wort des Herrn geschah zu …«, »an jenem Tag …«) markiert.

In den Briefen ist dagegen mehr auf die schlussfolgernden Formulierungen bzw. vor allem auf Themenwechsel zu achten, welche die verschiedenen Texte voneinander unterscheiden, aber nicht trennen, da der Brief immer als Ganzes eine Einheit bildet, die bei der Auslegung nicht vernachlässigt werden darf. So heißt es z.B. in 1. Korinther 7,1: »Was aber das betrifft, wovon ihr mir geschrieben habt.« Im Fortgang des Briefes beantwortet Paulus nun noch weitere Fragen der Korinther aus diesem Brief, weshalb er seine Antwort durch die Formulierung »was aber … betrifft, …« (1Kor 7,25; 8,1; 12,1; 16,1.12) strukturiert.

PRAKTISCHE LEITLINIEN FÜR DEN ARBEITSSCHRITT 4.3:

- Beachten Sie die sprachlich-formalen Merkmale (Zeit-, Orts-, Personenwechsel, feste Formeln, auffällige Veränderungen im grammatischen Stil) im Text selbst.
- Achten Sie auf inhaltlich-thematische Kriterien, die auf eine in sich geschlossene Abgrenzung der Texteinheit hindeuten[22]:
  - Bezieht sich die Texteinheit selbst auf vorausgehende oder nachfolgende Texteinheiten?
  - Weisen Anfang und Ende der Texteinheit auf einen Neuansatz, eine Unterbrechung oder eine Fortsetzung hin?
  - Was setzt die Texteinheit aus dem unmittelbaren Kontext voraus?
  - Inwieweit setzt die Texteinheit das Vorausgehende fort?
  - Beantwortet die Texteinheit Fragen, die im Vorausgehenden noch offen sind?
  - Wirft die Texteinheit Fragen auf, die im Folgenden beantwortet werden?
- Vergleichen Sie die von Ihnen erwogene Einteilung mit den Abschnittseinteilungen, die in verschiedenen Übersetzungen oder Kommentaren vorgenommen wurden.
- Begründen Sie Ihre Abschnittsabgrenzung der Texteinheit und versuchen Sie den Zusammenhang zwischen dem Hauptgedanken der Texteinheit (Schritt 1.2.a), dem roten Faden der Texteinheit (Schritt 1.2.b) und dem größeren Textzusammenhang (Schritt 4) herzustellen.

22 Die nachfolgenden Fragestellungen stammen aus H. Schmid: »Verhältnis zum Kontext«. – In *Das Studium des Alten Testaments*, S. 101.

(4) Die parallelen Texte zur Texteinheit beachten

Hin und wieder tritt der Sonderfall auf, dass sich zu einem gegebenen Text ein Paralleltext in einem anderen biblischen Buch findet. Zu Texten aus dem 2.-4. Buch Mose gibt es ähnliche Abschnitte im 5. Buch Mose. Und zu vielen Berichten in den Königsbüchern finden sich Parallelen in den Chronikbüchern. (Vergleichen Sie zum Beispiel einmal 2Kön 14 mit 2Chr 25; Ps 14 mit 53; Ps 18 mit 2Sam 22; 2Mo 20,1-17 mit 5Mo 5,6-21; 2Mo 25-31 mit 35-40; Jes 36-39 mit 2Chr 32 und 2Kön 18-20; Jer 52 mit 2Kön 24,18–25,30 und 2Chr 36). Innerhalb der synoptischen Evangelien (Mt, Mk, Lk) gibt es viele Entsprechungen von Evangelium zu Evangelium. Wo sich zu einer Texteinheit ein solcher Paralleltext findet, muss zur allgemeinen kontextuellen Analyse noch der synoptische Vergleich hinzutreten. Der synoptische Vergleich dient dazu, dass gleiche Texte »zusammengeschaut« werden. Zu fragen ist dabei zunächst, ob es sich wirklich um eine echte Parallele handelt oder nur um einen ähnlichen Text. Zum Beispiel ergibt sich bei der Tempelaktion Jesu die Frage, ob es sich bei Johannes um das gleiche Ereignis handelt, das die Synoptiker schildern. Oder handelt es sich um zwei verschiedene Begebenheiten, einmal zu Beginn des öffentlichen Wirkens Jesu (Joh 2,13-22) und einmal am Ende (Mt 21,12-13; Mk 11,15-19; Lk 19,45-48), wobei beide Male seine Sorge um das Haus Gottes zum Ausdruck kommt? Wenn es sich tatsächlich um echte Parallelen handelt, können wir die Texte inhaltlich vergleichen. Wir tun dies in der Überzeugung, dass die Heilige Schrift eine harmonische, sich ergänzende Einheit darstellt. Vielleicht hilft der parallele Text durch Zusatzinformationen, den Sinn der eigenen Texteinheit besser zu verstehen. Aus den einzelnen Texten soll jedoch kein Einheitsbrei geformt werden. Jeder Text ist in seiner Eigenart – mit dem, was er sagt, und dem, was er nicht sagt – wahrzunehmen. Nur so kann sinnvoll verglichen werden. Dabei wollen auch die jeweiligen Unterschiede beachtet und entsprechend gewürdigt werden. Denn jeder Bibelabschnitt verfolgt eine ganz bestimmte Absicht. Es kann also sein, dass im Blick auf die gleiche Sache die eigene Texteinheit und der Parallelabschnitt je einen besonderen Aspekt herausarbeiten. Das Ziel der Auslegung ist dann nicht die Synthese, welche die jeweiligen Schwerpunkte einebnet. Vielmehr soll der synoptische Vergleich gerade dazu dienen, den von Gott beabsichtigten Sinn der eigenen Texteinheit umso präziser bestimmen zu können. Die Existenz synoptischer Texte in der Bibel sollte von daher nicht als Problem, sondern als Chance zum besseren Verstehen gesehen werden, da die Paralleltexte die auszulegende Texteinheit verständlicher machen können und die besonderen Eigenarten der biblischen Autoren uns so stärker bewusst werden.

Tabellarische bzw. übersichtliche Anordnungen der Evangelientexte findet man in den im Anhang angegebenen Evangeliensynopsen.

PRAKTISCHE LEITLINIEN FÜR DEN ARBEITSSCHRITT 4.4:

- Fertigen Sie eine tabellarische Übersicht der auszulegenden Texteinheit mit ihren Paralleltexten an, indem Sie diese in verschiedenen Spalten nebeneinander anordnen. Eventuell können Sie eine Synopse zu Hilfe nehmen.
- Markieren Sie die Unterschiede und fragen Sie sich, ob es sich hierbei um stilistische oder inhaltliche Unterschiede handelt.
- Was ist der individuelle theologische Schwerpunkt jeder Texteinheit?
- Beeinflusst der übergreifende Zusammenhang die Aussagen der Texteinheiten bzw. erklärt er die Unterschiede?
- Handelt es sich wirklich um die gleichen Ereignisse, die in den Texteinheiten geschildert werden?

(5) Die Harmonisierung der Texteinheit im Schriftkontext erwägen

Nachdem nun die parallelen Texteinheiten nebeneinander in einer Zusammenschau (Synopse) angeordnet sind, ist es wichtig, nicht nur die Unterschiede festzustellen, zu bewerten, nach den Ursachen zu forschen und somit die Eigenmerkmale jedes Textes zu betonen.

Vielmehr ist ausgehend vom synoptischen Vergleich auch eine chronologische Harmonisierung der Texteinheit im Schriftkontext zu erwägen. Hierbei sind die unterschiedlichen Absichten der biblischen Autoren zu würdigen. Der Ausleger kann so entdecken, welche Funktion jede der einzelnen Texteinheiten im gesamten Ratschluss Gottes übernimmt (2Petr 3,15f). Hierbei ist zu beachten, dass die Einheit meist erst in Wahrnehmung und Würdigung ihrer Vielfalt erkannt werden kann. Da die biblischen Ereignisse in »Raum und Zeit« real stattgefunden haben und historisch zuverlässig übermittelt wurden, ist auf die Indizien zu achten, die uns Hilfen geben, die chronologische Abfolge der Ereignisse zu erkennen. Ordnet ein Autor seinen Stoff thematisch (z.B. Matthäusevangelium) oder chronologisch (z.B. Lukasevangelium [Lk 1,1-4], Johannesevangelium [jüdische Feste als Strukturelement]), so ist dies bei der Auslegung zu berücksichtigen. Es gilt hier zu erkennen, ob die Ereignisse vor und nach der Texteinheit einen zeitlichen oder thematischen Zusammenhang bilden. Ist die Anordnung des biblischen Stoffes thematisch (z.B. Mt 8,18-27), so sollte der chronologische Kontext erarbeitet werden, damit man sich bewusst wird, dass die hier nach dem Willen Gottes zusammengeschauten Ereignisse in zeitlicher Perspektive zum Teil weit auseinander liegen. Die Notwendigkeit dieser Synchronologie zeigt sich allerdings nicht nur im Rahmen der Auslegung der Evangelien, sondern beispielsweise auch in der Frage, ob die Ereignisse in Galater 2 sich auf die gleichen Ereignisse wie in Apostelgeschichte 15 beziehen. Oder werden in Galater 2 die Ereignisse der so genannten »Hungersnotreise« (Apg 11,27-30) geschildert? Dann könnte z.B. der komplette Brief an die Galater vor dem Apostelkonzil abgefasst worden sein. Dies würde wiederum bedeuten, dass die Auseinandersetzung zwischen Paulus und Petrus vor den Beschlüssen des Apostelkonzils stattgefunden (Gal 2,11ff) hätte. Die Suche nach einer Übereinstimmung von Galater 2,10 mit Apostelgeschichte 15 würde sich somit erübrigen. Gerade der Ausleger, der von der irrtumslosen Wahrheit der Schrift überzeugt ist, kann in großer Ruhe und Gelassenheit an die Erarbeitung einer Synchronologie der biblischen Ereignisse herangehen, wenn er schrift- und textgemäß arbeitet und die Informationen, die er in der Bibel findet, entsprechend der jeweiligen Textintention thematisch ordnet und chronologisch einordnet.

Übersichtliche Harmonisierungsvorschläge zur Synchronologie der Evangelien, zum Teil in tabellarischer Form, finden sich in verschiedenen Büchern, die im Anhang angegeben sind.

PRAKTISCHE LEITLINIEN FÜR DEN ARBEITSSCHRITT 4:

- Grundsätzlich gilt: Der Kontext hat das Sagen!
- Erklären Sie den Hauptgedanken des Buchkontextes, in dem die auszulegende Texteinheit steht.
- Identifizieren Sie den Abschnittskontext, der den übergreifenden Zusammenhang der auszulegenden Texteinheit darstellt.
- Erläutern Sie den gedanklichen Zusammenhang zwischen dem Abschnittskontext und der Texteinheit, damit die kontextuelle Kluft überbrückt werden kann.
- Formulieren Sie in einem Satz, was die Funktion der auszulegenden Texteinheit im Abschnittskontext ist.
- Grenzen Sie die auszulegende Texteinheit definitiv nach vorne und hinten ab.
- Vergleichen Sie die Texteinheit mit parallelen Texten im Schriftkontext und stellen Sie aufgrund dieses Vergleiches die besondere Eigenart der auszulegenden Texteinheit heraus.
- Beachten Sie die chronologische Einbettung in den größeren Zusammenhang, indem Sie die Texteineinheiten des Abschnittskontextes in chronologischer Hinsicht harmonisieren.

AUFGABEN ZUR EINÜBUNG DES ARBEITSSCHRITTS 4

Zu Psalm 1,1-6:

Der Psalter wird heute in fünf Bücher aufgeteilt: Psalm 1-41/ 42-72/73-89/90-106/107-150.

Was verbindet die einzelnen Psalmbücher je in sich? Lesen Sie dazu den Artikel »Die Psalmen« in der John MacArthur Studienbibel, S. 739f und die Ausführungen zu Psalm 1 + 2, S. 741f (online unter www.sermon-online.de).

Beachten Sie, dass Psalm 3-41 und 51-72 als Davidspsalmen gekennzeichnet sind (vgl. Psalm 72,20). Warum stehen Psalm 1+2 dieser Sammlung voran? Könnte es mit dem Inhalt von Psalm 1 zusammenhängen, dass genau dieser Psalm am Anfang des gesamten Psalters steht?

Zu Epheser 4,1-6:

Nehmen Sie eine Gliederung des Epheserbriefes zur Hand (Menge-Bibel, Bibellexikon, Kommentar o.ä.) und lesen Sie den ganzen Brief unter ständigem Vergleich mit dieser Gliederung. Konzentrieren Sie sich zuerst auf Kap. 1-3 (Worum geht es hier?), dann auf Kap. 4-6 (Worum geht es hier?).

Was ist das zentrale Thema des Epheserbriefes? Was bedeutet es, dass Kap. 4 mit »Ich ermahne euch nun« beginnt? (Beachten Sie dabei, dass Kap. 3 mit einem Lobpreis schließt). Welche Themen werden in Kap. 4-6 nacheinander behandelt?

Bestimmen Sie Thema und Funktion von Epheser 4,1-6 in seinem unmittelbaren Kontext.

Die Textart der Texteinheit untersuchen

Der inhaltlichen Fülle der Bibel entspricht die reiche Vielfalt ihrer Ausdrucksformen. Viele Autoren mit ihrer je eigenen Ausdrucksart haben im Lauf der Offenbarungsgeschichte an diesem Buch mitgewirkt. Und die von ihnen benutzten literarischen Gattungen und Stilformen summieren sich zu einer ausdrucksreichen Fülle.

Will der Ausleger den biblischen Autor recht verstehen, muss er sich auf die Eigenart der jeweiligen Ausdrucksform einstellen. Ob man einen geschichtlichen Erzähltext oder ein poetisches Stück aus den Psalmen oder dem Hohelied auslegt, ob man es mit einem Gleichnis, einem ermahnenden Tugendkatalog in einem Paulusbrief oder einem apokalyptischen Visionsbericht aus der Johannesoffenbarung zu tun hat, macht für die Exegese durchaus einen Unterschied. Es gehört zur Kunst der Auslegung, die verschiedenen Textgattungen zu erkennen, sich auf ihre Eigenart einzustellen und ihnen so exegetisch gerecht zu werden. Damit stehen wir vor der Notwendigkeit, die verschiedenen literarischen Gattungen, Formen und Stile im Rahmen einer *literarischen* Analyse zu untersuchen und zu interpretieren.

LEITSATZ:

Die Gattungs-, Form- und Stilanalyse der Texteinheit hat das Ziel, ihre individuelle literarische Form, die zugrunde liegende Gattung und ihre ästhetische Gestalt exakt zu beschreiben, um den Schwerpunkt der Textintention zu entdecken.

Für manchen Leser wird solch eine Gattungs-, Form- und Stilanalyse fremdes Land sein. Deshalb wollen wir im Folgenden zunächst die wesentlichen literarischen »Großformen« (Gattungsanalyse) und »Kleinformen« (Formanalyse) aufführen, die im Alten und Neuen Testament vorkommen. Danach werden wir auf einige wichtige

Stilfiguren in der Bibel eingehen (Stilanalyse).[23] Den Hintergrund für diese Untersuchung bietet die Erkenntnis, dass sich der Kommunikationsprozess in bestimmten Lebenssituationen an feste und vereinbarte Regeln und Konventionen hält. So gibt es etwa in einem speziellen Kulturraum feste Regeln, wie man einen Brief schreibt. Allerdings macht es einen Unterschied, ob es sich um einen Liebesbrief, ein Kondolenzschreiben oder um ein Begleitschreiben zur Steuererklärung an das Finanzamt handelt. Die spezielle Situation (»Sitz im Leben«) erfordert eine spezifische Verbindung von Form und Inhalt der Kommunikation. Oder anders ausgedrückt: Wenn man die Verknüpfung von Form und Inhalt einer Nachricht analysiert, können daraus Rückschlüsse auf die ursprüngliche Kommunikationsabsicht gezogen werden. So können wir in der Regel bereits nach wenigen Sätzen feststellen, ob wir gerade eine Gebrauchsanleitung, ein Gedicht oder ein Gerichtsurteil lesen. Die meisten Inhalte werden in einer ihnen entsprechenden Form dargeboten. Ein Brief beginnt z.B. mit einer Anredeformel (»Liebe ...« bzw. »Sehr geehrter Herr ...«) und endet mit einer Grußformel (»Dein ...« bzw. »Mit freundlichen Grüßen ...«) und aus der Art und Weise der Anrede bzw. des Grußes ergeben sich bereits auf den ersten Blick Rückschlüsse auf die Beziehung zwischen Absender und Adressat.

Zunächst sei ein Hinweis zum Wortgebrauch erlaubt. Wir werden nachfolgend möglichst konstant zwischen Literaturgattung und Literaturform unterscheiden. Wie verhalten sich aber Form und Gattung zueinander? »Gattung« ist ein Begriff, der die übergeordnete Textsorte bezeichnet, in die der Einzeltext eingebettet ist, also etwa Erzählung oder Prophetie (literarische Großform), während es bei der Form um die jeweilige sprachliche Erscheinungsweise des konkreten Einzeltextes, also etwa ein Spottlied oder eine Parabel, geht (literarische Kleinform).

---

23 Die Unterscheidung in literarische Groß- und Kleinformen erfolgt in Anlehnung an M. Reiser: *Sprache und literarische Formen des Neuen Testaments: Eine Einführung*. UTB 2197. Paderborn: Schöningh, 2001.

Wo liegen Wert und Grenze der gattungs- und formanalytischen Arbeit? Nehmen wir als Einstieg einen Vergleich aus dem Alltagsleben. Für den einen gibt es nur »Essen« und »Trinken« – gleich, was auf den Tisch kommt. Der andere dagegen nimmt den unterschiedlichen Geschmack und die verschiedenen Zubereitungsarten der Speisen wahr, freut sich an den Feinheiten der Mahlzeit und entwickelt den differenzierten Geschmack eines Genießers. So kann es auch im Umgang mit der Bibel gehen. Gewiss, alles ist Gottes Wort! Alles ist uns nützlich zur Lehre, zur Erbauung und zur Besserung (2Tim 3,16f)! Und doch dringt der eine tiefer in die Feinheiten des Wortes ein als der andere. Gattungs- und formanalytische Arbeit kann dazu dienen, die Vielfalt und sprachliche Schönheit der Bibel, wie Gott sie durch ganz unterschiedliche Boten mit ihren Gaben gegeben hat, zu entdecken. Ganz praktisch geht es dabei zunächst darum, durch genaue Beobachtung wahrzunehmen, welcher Gattung und Form der vorliegende Einzeltext zugehört. Doch darf sich die Arbeit nicht im bloßen »Schubladisieren« von Texten aufgrund beobachteter typischer Merkmale erschöpfen. Vielmehr hat sich die Exegese ganz auf die Eigenart des einzelnen Textes nach Gattung und Form einzustellen.

Im Anhang finden sich eine Reihe von Literaturangaben zum Umgang mit den verschiedenen Literaturgattungen und Literaturformen.

(1) Die Literaturgattung der Texteinheit bestimmen

Besitzen Texte also zusammengehörige Merkmale, werden sie als »Textsorte« in Gruppen strukturiert und als »Gattung« bezeichnet. Bei der Bestimmung der Literaturgattung (Textsorte), in den die auszulegende Texteinheit eingebettet ist, handelt es sich um eine zentrale Aufgabe im Prozess einer schrift- und textgemäßen Auslegung. Wir müssen zuerst die Literaturgattung bestimmen, damit wir im Fortgang der Auslegung nicht gegen die vom Heiligen Geist benützten Sprachregeln verstoßen. Zur besseren Übersicht und Differenzierung wird nachfolgend zwischen alttestamentlichen (a) und neutestamentlichen (b) Literaturgattungen unterschieden.

a) Alttestamentliche Literaturgattungen

Als grundlegende Gattungen im AT ist zwischen den Textsorten Erzählung (a), Gesetz (b), Psalm (c), Weisheit (d) und Prophetie (e) zu unterscheiden:

(a) Die häufigste Textsorte im AT sind die narrativen Texte, die mehr als 40 % ihres Umfangs ausmachen. In der Regel sind die atl. Erzähltexte beschreibender (deskriptiver) und nicht vorschreibender (präskriptiver) Natur. Sie geben wieder, was geschehen ist; und nicht unbedingt, was geschehen sollte. Bei der Auslegung ist zu beachten, dass in der Regel Gott die Hauptperson der Erzählung ist und nicht der Mensch, weshalb sie aus theozentrischer und nicht aus anthropozentrischer Perspektive verstanden werden muss: Sie wertet das Geschehen aus Gottes Sicht. Normalerweise ist ihre Sprache sachlicher Natur, die historische Fakten beschreibt, was wiederum im Rahmen einer Auslegung (zum Beispiel des Schöpfungsberichts) beachtet werden sollte. Bei der Auslegung von narrativen Texten kommt den Arbeitsschritten 3, 4 und 7 besondere Bedeutung zu.

Folgende Leitlinien sollten bei der Auslegung atl. Erzähltexte berücksichtigt werden:

(1) Beachten Sie den Rahmen: Die atl. Erzählung ist Bestandteil einer umfassenderen und zusammenhängenden Handlung!

(2) Beachten Sie den Verlauf: Die atl. Erzählung hat meistens einen Handlungsablauf (Plot: Anlass – Steigerung – Höhepunkt – Entspannung – Folge)!

(3) Beachten Sie die Funktion der Handelnden: Die atl. Erzählung »lebt« durch ihre Akteure! Wer agiert bzw. bestimmt die Handlung (Hauptakteur / »Held der Geschichte«) und wer reagiert (Nebenrolle)? In der Regel ist die atl. Erzählung theozentrisch und nicht

anthropozentrisch, denn meistens steht Gott im Zentrum (Hauptakteur) und nicht der Mensch (Nebenrolle).

(4) Beachten Sie die Leitwörter: Die atl. Erzählung »liebt« die Wiederholung! Sie wird in der Regel durch sich wiederholende Schlüsselwörter strukturiert.

(b) Bei der Auslegung der Textsorte der Gesetzestexte ist zwischen den apodiktisch formulierten Rechtssätzen (= unwiderlegbar, keinen Widerspruch duldend) und kasuistischen Vertragsbedingungen zu unterscheiden (= Fallbeispiele, die eine konkrete Situation beschreiben). Die Grundintention dieser Gattung ist präskriptiv (vorschreibend). Allerdings stellt sich jeweils die Frage, für welchen Adressatenkreis die Gesetzestexte präskriptiv sind. Von daher kommt bei der Auslegung dieser Textsorte den Arbeitsschritten 8 und 10 eine besondere Bedeutung zu.

Folgende Leitlinien sollten bei der Auslegung atl. Gesetzestexte berücksichtigt werden:

(1) Das atl. Gesetz ist ein Bundesschluss mit Bedingungen (»wenn« – »dann«), der mit dem Volk Israel geschlossen wurde (2Mo 19ff).

(2) Das atl. Gesetz ist Bestandteil des Alten Bundes und nicht des Neuen Bundes (vgl. Lk 16,16f mit Lk 22,20; 1Kor 11,25; 2Kor 3,4-18; Hebr 10,1-18; 13,20f).

(3) Teile des atl. Gesetzes werden im Neuen Testament erneuert (vgl. Röm 13,8-10) und sind damit Bestandteil des Gesetzes Christi (Gal 6,2).

(4) Das atl. Gesetz ist immer noch Wort Gottes für uns, auch wenn es nicht Gottes direktes Gebot an uns ist (vgl. 2Tim 3,16f).

(c) Bei der Textsorte der Psalmtexte handelt es sich meist um Gebete, welche die Gesamtheit des menschlichen Lebens und seiner Ausdrucksformen beschreiben. Sie schöpfen die gesamte Palette der literarischen Ausdrucksformen aus. Zu berücksichtigen ist, dass sich in fast jedem Vers Stilfiguren befinden, die im Rahmen der Auslegung aufzulösen sind. Große Teile der Psalmen sind in poetischer Sprache abgefasst, deren Bildersprache gedeutet werden muss. Das vorherrschende Kennzeichen der Struktur hebräischer Poesie ist die Wiederholung der Bedeutung in parallelen Ausdrücken, dem sogenannten poetischen Parallelismus. Erfolgt in der Bibel ein Ausspruch Gottes in poetischer Form, so besteht er in der Regel aus zwei, gelegentlich aus drei parallel aufgebauten Aussagen. In der hebr. Poesie werden die verschiedenen Zeilen nicht durch einen Reim zusammengebunden wie im traditionellen dt. Gedicht, sondern durch die Doppelung (Parallelität) der Aussagen in zwei oder drei aufeinanderfolgenden Zeilen. Bildlich gesprochen »reimen« sich die Zeilen in der hebräischen Dichtkunst also dadurch, dass sie das Gleiche, aber mit andern Worten bzw. mit einem anderen Bild sagen.

Ps 146,1a	Preiset		den Herrn!
Ps 146,1b	Preise	meine Seele	den Herrn!

Das Thema ist in beiden Strophen gleich, wird aber in der zweiten Strophe weiterentwickelt, indem es konkretisiert (= gesteigert) wird: *Von der gemeinsamen Aufforderung* [Plural] *zur intensiven persönlichen und inneren Anteilnahme* [Singular].

Ps 146,2a	Ich will preisen	den Herrn	in meinem Leben,
Ps 146,2b	ich will lobsingen	zu/für meinem Gott	solange ich bin!

Das Thema ist in beiden Strophen gleich. Die beiden Satzglieder entsprechen sich inhaltlich, wobei ähnliche (oder unterschiedliche) Begriffe gebraucht werden (können): *Der Lobpreis (durch Willensentschluss!) erfolgt im Alltag und ist kontinuierlich.*

Ps 146,3a	Setzt euer Vertrauen nicht	in Fürsten,
Ps 146,3b	in den Sohn eines Menschen	bei dem es keine Hilfe (Rettung) gibt.

Das Thema ist in beiden Strophen gleich. Die letzten Satzglieder der ersten Strophe korrespondieren mit den ersten Satzgliedern der zweiten Strophe und umgekehrt: *Menschen sind keine verlässliche Lebensgrundlage*.

Die hebr. Dichtkunst vermeidet die Monotonie der parallelen Zeilen also dadurch, dass sie verschiedene Arten des Parallelismus entwickelt hat (näheres hierzu im Abschnitt »Stilfiguren«). So gibt es z.B. neben dem bedeutungsgleichen Parallelismus (Ps 146,2f.) auch einen gegensätzlichen (Ps. 145,20) oder einen zusammensetzenden, der die Aussage der vorhergehenden Zeile steigert bzw. konkretisiert (Ps 146,1). Dieser Technik des »Gedanken- bzw. Bildreims« durch den »Parallelismus membrorum« liegt die Idee der »symmetrischen Vollständigkeit« zugrunde, d.h. die Idee, dass das Ganze immer aus der Vielfalt seiner Teile besteht und erst durch die wechselseitige »In-Beziehung-Setzung« sprachlich dargestellt werden kann. Der Verstehensprozess ist nach hebräischem (und altorientalischem) Denken ein dynamischer Prozess des Ergreifens und Begreifens aus verschiedener Perspektive, da erst durch die Doppelung Ganzheit entsteht (Multiperspektivität). Darauf, dass sich zwei Begriffe (Satzglieder) nie ganz in ihrer Bedeutung decken, kommt es also gerade an, weil »das Ganze« nie durch ein einziges Wort oder einen einzigen Gedanken zu erfassen ist, sondern durch das einander ergänzende. Die Psalmen betonen von daher als musikalische Gedichte durch ihre poetische Form: **Das Leben ist vielschichtig**.

Der Verstand liebt die Abwechslung,	(= modernes Denken)
aber das Herz braucht die Wiederholung.	(= altorientalisches Denken)

Die hebr. Poesie ist sehr stark von der Verwendung von Symbolen geprägt. Vordergründig erscheint die bildhafte (= metaphorische) Sprache der Psalmen eigentümlich unscharf (verschwommen) und unrealistisch (übertreibend). Man darf sich dadurch aber nicht zu dem Fehlurteil verleiten lassen, dass es ihr an Schärfe, Deutlichkeit und Verbindlichkeit mangelt. Diese liegen nur auf einer anderen Ebene, denn durch die poetische Sprache soll der übliche Verstehenshorizont gesprengt werden und der Leser so herausgefordert werden, neu nachzudenken bzw. zu überdenken. Somit muss sich eine Auslegung der Psalmen über die Verwendung der Metaphern im Klaren sein, um sowohl die verstandesmäßige als auch die gefühlsmäßige Bedeutung der poetischen Lieddichtung zu erkennen (Einheit von Kopf und Herz).

Am Beispiel der Psalmen lässt sich aufzeigen, dass der Streit um eine »wörtliche« Auslegung der Bibel wenig hilfreich ist, denn Psalm 18,30 etwa wird nur dann richtig verstanden, wenn der biblische Text eben schrift- und textgemäß interpretiert wird. In diesem Sinne wird die Aussage »Mit meinem Gott kann ich über Mauern springen« nur dann richtig, also gemäß der Intention des Wortes Gottes, verstanden, wenn man erkennt, dass Psalm 18,30 keine Empfehlung zum Stabhochsprung ist, sondern bildhaft ausdrückt, dass »der Glaubende mit Gottes Hilfe auch größte Schwierigkeiten überwinden kann«.Wer »wörtlich« auslegen möchte, sollte beachten, dass eine schrift- und textgemäße Auslegung immer »wortgemäß« sein muss: Sie muss der Intention des Wortes Gottes entsprechen. Es gibt also Texte, die symbolisch gedeutet werden müssen, damit man sie im richtigen Sinn »wörtlich« auslegt, also schrift- und textgemäß. Bei der Auslegung dieser Textsorte kommt also dem Arbeitsschritt 5 eine besondere Bedeutung zu.[24]

Folgende Leitlinien sollten bei der Auslegung atl. Psalmtexte berücksichtigt werden:

24 Siehe W. Klippert: *Vom Text zur Predigt*, 11. Aufl. Witten: SCM R.Brockhaus, und B. Janowski: *Konfliktgespräche mit Gott: Eine Anthropologie der Psalmen*, 4. Aufl. Neukirchen-Vluyn: Neukirchener Verlag, 2013.

(1) Bestimmen Sie die Literaturform des Psalms.
(2) Erfassen Sie die verschiedenen Textbausteine.
  – Was gehört zusammen (Parallelismus)?
  – Wie sind die einzelnen Stilfiguren zu verstehen (Symbolismus)?
(3) Ordnen Sie die zusammengehörenden Einheiten.
(4) Bestimmen Sie das Hauptthema des Psalms.

(d) Die Textsorte der Weisheitstexte gehört in die Kategorie der poetisch-didaktischen Literatur. Sie schöpft die gesamte Palette der literarischen Ausdrucksformen aus. Zu berücksichtigen ist, dass sich in fast jedem Vers Stilfiguren befinden, die im Rahmen der Auslegung aufzulösen sind. Die Grundintention der Weisheitstexte ist praxisorientiert, sie wollen zum Leben befähigen durch Ermahnung, Tröstung und Ermutigung. Sie lehren zu leben. Aus diesem Grund kommt deshalb nicht nur dem Arbeitsschritt 5, sondern auch dem Arbeitsschritt 10 im Rahmen der Auslegung von Weisheitstexten eine besondere Bedeutung zu.

Folgende Leitlinien sollten bei der Auslegung atl. Weisheitstexte berücksichtigt werden:
(1) Beginnen Sie auf der Satzebene und lösen Sie die Stilfiguren auf.
(2) Bilden Sie satzübergreifende Einheiten und beachten Sie dabei, dass es in der Weisheitsliteratur weniger auf die Präzision des Ausdrucks, sondern mehr auf die Einprägsamkeit des Ausdrucks ankommt.
(3) Klären Sie, ob die Texteinheit eher die Regel oder eine Ausnahme beschreibt.
(4) Entdecken Sie die zusammengehörenden praxisorientierten Anweisungen, die dazu anleiten, dass im Alltag Entscheidungen nach dem Willen Gottes getroffen werden können.

(e) Die Textsorte der prophetischen Texte gehört zu der am schwierigsten auszulegenden Textgattung. Sie beziehen sich in der Regel in bildhafter Sprache zum einen auf ein konkretes Geschehen (nahe Zukunft aus der Perspektive der Erstadressaten), das für uns meist in der Vergangenheit liegt, zum anderen aber auch auf Ereignisse, die zum Teil weit darüber hinaus reichen (ferne Zukunft). Oft werden die Ereignisse so beschrieben, als handele es sich um ein und dasselbe Ereignis. Deutlich wird dies etwa an den Verheißungen, die das Kommen des Messias und den Anbruch seines Reiches vorhersagen (vgl. z.B. Sach 9,9ff; Mi 5,1ff). Da im AT die nötige Tiefenschärfe fehlt, um die zeitliche Distanz aufzudecken (man spricht hier von »einäugiger Prophetie«), muss im Rahmen der Auslegung bedacht werden, dass Ereignisse, die miteinander erzählt und ineinander verwoben sind, zeitlich auseinanderfallen können und in chronologischer Hinsicht differenziert zu betrachten sind. Hier braucht es gute Kenntnisse des zeitgeschichtlichen Hintergrundes und ein heilsgeschichtliches Verständnis. Aus diesen Gründen sind im Rahmen der Auslegung von prophetischen Texten besonders die Arbeitsschritte 3, 8 und 10 sorgfältig durchzuführen.

Folgende Leitlinien sollten bei der Auslegung atl. Prophetie berücksichtigt werden:

(1) Orientieren Sie sich zuerst am wörtlichen Sinn (Literalsinn), um die Bedeutung bzw. das Prinzip der Prophetie zu entdecken.
(2) Wechseln Sie innerhalb einer Texteinheit nicht zwischen den literarischen Methoden (wörtlich oder symbolisch).
(3) Legen Sie noch nicht erfüllte Prophetie vom Maßstab bereits erfüllter Prophetie her aus (z.B. zweifache Ankunft des Messias als Muster für »einäugige Prophetie« [= zeitlich auseinanderliegendes wird miteinander berichtet]).
(4) Berücksichtigen Sie das Gesetz des »mehrfachen Bezugs« (z.B. Mehrfacherfüllungen bzw. Teilerfüllungen sind möglich).

b) Neutestamentliche Literaturgattungen

Im NT unterscheidet man die grundlegenden Gattungen Briefe (a), theologische Biografie (b), historische Monografie (c) und Offenbarung (d). In Anlehnung an G. D. Fee lassen sich diese vier Hauptgattungen wie folgt beschreiben[25]:

(a) »Die Briefe setzen sich größtenteils aus Abschnitten argumentativen und appellierenden Inhalts zusammen. Hier muss der Exeget in erster Linie lernen, die Argumentationslinie des Autors aufzuspüren, um zu einem richtigen Verständnis der einzelnen Sätze oder Abschnitte zu gelangen.« Ähnlich wie in unserer Zeit gab es auch in der Antike ein ausgebildetes Briefformular. Innerhalb dieses Grundschemas (Briefeingang – Briefkorpus – Briefschluss) wurden allerdings vielfältige Konventionen und Formeln verwendet. Der Briefeingang (Präskript) besteht aus Absender *(superscriptio)*, Adressat *(adscriptio)* und Gruß *(salutatio)*. Im NT wird das Präskript meist mit einem einleitenden Vorwort, dem sogenannten Proömium, abgeschlossen, das als Danksagung die Wirksamkeit Gottes preist. Der Briefkorpus kann hinsichtlich Länge und Inhalt sehr variieren. Paulus benutzt seine Briefe meist zur Seelsorge und Leitung der Gemeinde und führte so seine missionarische Wirksamkeit weiter bzw. bereitete sie vor. Der Briefschluss enthält abschließend den Segenszuspruch und die entsprechenden Grußaufträge. Im Rahmen der Auslegung der ntl. Briefliteratur sind die Arbeitsschritte 4, 6 und 7 von besonderer Bedeutung.

(b) »Die Evangelien bestehen aus Perikopen, einzelnen Erzähl- und Lehreinheiten, die unterschiedlich geartet sind, unterschiedliche formale Charakteristika aufweisen und deren Einbettung in den gegenwärtigen Kontext auf die Evangelisten zurückgeht.«

25 Alle Zitate aus G. D. Fee: *New Testament Exegesis: A Handbook for Students and Pastors*, S. 28f. [nachfolgende Übersetzung jeweils von H. von Siebenthal]. Überarbeitete Aufl. Louisville: Westminster/John Knox, 1993. Vgl. auch M. Reiser: *Sprache und literarische Formen*, S. 98-130. Die Leitlinien für die Auslegung der atl. Literaturgattungen können auf die ntl. Literaturgattungen sinngemäß übertragen werden.

Kennzeichnend für diese Gattung ist, dass die Einzelberichte von einem Episodenstil mit szenischer Darstellung gekennzeichnet sind. Hierbei wird das spezielle Profil der Personen durch ihr jeweiliges Reden und Handeln betont. Ein wesentliches Element dieser Erzählweise bilden die direkte Rede und der Dialog. Als Elementarregel folgt die Erzählung meist dem narrativen Dreischritt von Einführung, Ereignis und Ertrag. Die Evangelien stellen allerdings eine ganz eigene frühchristliche Literaturgattung dar. Sie sind eine Literaturschöpfung, die es vorher nicht gab. Die Kategorie der »Biografie« reicht für sie nicht aus. Es geht in den Evangelien ja nicht darum, eine lückenlose Darstellung des Lebens Jesu zu schreiben. Vielmehr soll in gebotener Auswahl (Joh 20,30f) ein historisch zuverlässiger Einblick in Wesen, Wirken und Worte Jesu geboten werden, um dadurch zum Glauben zu führen und im Glauben zu festigen (Lk 1,1-4; Joh 20,31). Geschichtsbericht und Verkündigung (Historie und Kerygma) sind in den Evangelien eine ungeschmälerte und unlösbare Verbindung eingegangen. Bei der Auslegung der Evangelien sind die Arbeitsschritte 3, 5 und 7 von besonderer Bedeutung.

(c) »Die Apostelgeschichte besteht aus einer Reihe miteinander verknüpfter kürzerer Erzählungen, die zusammen eine Gesamterzählung bilden, in die verschiedene Reden eingestreut sind.« Die Apostelgeschichte ist aber weniger eine Kirchen- als vielmehr eine Missionsgeschichte. Es gilt zu erkennen, dass die Apostelgeschichte nicht zur Unterhaltung geschrieben wurde, auch wenn sie im Stil unterhaltsam ist. Es geht hier darum, dass der Leser ein sicheres Urteil über das geschichtlich Wesentliche erhält. So ist im Rahmen der Auslegung der Apostelgeschichte den Arbeitsschritten 3 und 8 besondere Aufmerksamkeit zu widmen.

(d) »Das Buch der Offenbarung besteht im Prinzip aus einer Kette sorgfältig konstruierter Visionsberichte, die zu einer apokalyptischen Erzählung verwoben sind.« Die Offenbarung des Johannes entstammt und steht ganz in der jüdischen Tradition, indem Vergangenheit, Gegenwart und Zukunft im Licht und als Erläuterung der alttestamentlichen Prophetie erklärt werden.

Besondere Aufmerksamkeit kommt im Rahmen der Auslegung der Offenbarung den Arbeitsschritten 5, 8 und 10 zu.

Jede dieser Hauptgattungen schließt Untergattungen mit ein, die ihre Ausprägungen wiederum durch ihre individuelle literarische Form erhalten.

Als Form wird die Summe aller sprachlichen Merkmale eines Textes bezeichnet. Die verschiedenen Literaturformen sind für den Leser dadurch erkennbar, dass die Texte formbildende Elemente (Formeln) enthalten. Diese formbildenden Elemente leiten den Leser automatisch zu einem vorgegebenen Verständnis des Textes. Dies bedeutet, dass die Form bereits den Inhalt anzeigt. Aus diesem Grund können Form und Inhalt eines Textes zwar unterschieden, aber nicht getrennt werden. Die Elemente mit der intensivsten inhaltlichen Signalwirkung legen fest, welcher Literaturform ein Text zugeordnet werden kann. Nachfolgend werden die wichtigsten Literaturformen benannt.

(2) Die Literaturformen der Texteinheit bestimmen

Zur besseren Übersicht und Differenzierung wird nachfolgend zwischen alttestamentlichen (a) und neutestamentlichen (b) Literaturformen unterschieden.

a) Alttestamentliche Literaturformen

Man kann die alttestamentliche Literatur nach Prosa-, Spruch- und Liedformen einteilen, die sich ihrerseits wiederum in viele Unterformen verzweigen.

Alttestamentliche Prosa-Formen

Reden:	**Urkunden:**	**Erzählungen:**
Allg. + pol. Reden: ◆ Abschiedsrede ◆ Aufwiegelungsrede ◆ Gerichtsrede ◆ Monolog ◆ Dialog *Geistliche Reden:* ◆ Prophetische Predigt ◆ Priesterliche Predigt ◆ Weisheitliche Predigt *(Prosa) Gebete:* ◆ Bittgebet ◆ Bußgebet ◆ Dankgebet	*Verträge:* ◆ zw. Völkern ◆ zw. Gott/Mensch ◆ zw. Volk/König ◆ Privatverträge *Briefe:* ◆ Eigentliche Briefe ◆ Kunstbriefe *Listen, Gesetze:* ◆ Säkulare Ordnungen ◆ Sakrale Ordnungen	*Poetische Erzählungen:* ◆ Anekdote ◆ Novelle ◆ Ausführliche Erzählung *Historische Erzählung:* ◆ Berichte ◆ Annalen ◆ Autobiographien ◆ Traumerzählungen ◆ Visionsberichte ◆ Berufungsberichte

Alttestamentliche Spruch-Formen

Prophetensprüche:	**Kultsprüche:**	**Zahlensprüche**
Weissagungssprüche (futurisch): ◆ Drohspruch ◆ Heilswort *Warnsprüche (präsentisch):* ◆ Scheltspruch ◆ Mahnspruch	*Gottessprüche* *Priestersprüche* *Laiensprüche* Vergleichsworte: *Allegorie* *Parabel* *Fabel*	**Rechtssprüche** **Volkssprichwörter** **Rätselworte** **Kunst- und Weisheitssprüche**

- Alttestamentliche Lied-Formen

Auf das Leben des Einzelnen bezogene Lieder:	Auf König und Gemeinschaft bezogene Lieder:	Religiös-kultische Lieder:
Arbeits- und Erntelieder *Hochzeits- und Liebeslieder* *Wächterlieder* *Spottlieder* *Leichenlieder*	*Königslieder* *Siegeslieder* *Spottlieder* *Leichenlieder* **Weisheitliche Lehrgedichte und Weisheitspsalmen**	*Hymnen (= beschreibendes Lob):* ◆ Schöpfungspsalmen ◆ Zionslieder ◆ Gottespreislieder *Klagelieder:* ◆ des Volkes ◆ des Einzelnen *Vertrauenslieder:* ◆ des Volkes ◆ des Einzelnen *Danklieder (= berichtendes Lob):* ◆ des Volkes ◆ des Einzelnen

Anhand dieser Aufstellung mag der Ausleger versuchen, sich Rechenschaft über die Literaturform der von ihm auszulegenden Texteinheit zu geben. Leider ist es im gegebenen Rahmen nicht möglich, die einzelnen Literaturformen inhaltlich näher zu beschreiben und jeweils Beispiele zu geben. Dazu müsste ein eigenes Buch geschrieben werden. Der exegetische Umgang mit den alttestamentlichen Literaturformen soll nun nachfolgend beispielhaft am Umgang mit verschiedenen Aussagen zur Schöpfung verdeutlicht werden.

Alttestamentliche Schöpfungsaussagen begegnen uns in unterschiedlichen literarischen Gattungen und Formen. Zum einen gibt es den Prosabericht über die Schöpfung in 1. Mose 1 (mit näheren Ausführungen zur Schöpfung des Menschen in 1Mo 2). Wie die Einbindung dieser Schöpfungserzählung in den Bericht über die heilsgeschichtlichen Anfänge Israels zeigt (vgl. etwa die Geschlechtsregister), geht es bei dieser prophetischen Historiografie nach Absicht des Autors nicht um poetisch-fiktive Geschichten, sondern um die Prosaform einer einfachen historischen Erzählung. Es gibt im Alten Testament aber auch poetische Schöpfungsaussagen. So finden sich verschiedene Weisheitsgedichte zur Schöpfung (Ps 104; Hiob 38,4-11; Spr 8,22-31) und sogar einige hochpoetische Texte, die in dichterischer Sprache von einem urzeitlichen Kampf Jahwes mit einem Seeungeheuer sprechen (Hiob 26,12f; vgl. 3,8; Ps 74,13ff; 89,9f; Jes 51,9f). Exegetisch wichtig ist nun, dass der Prosabericht aus 1. Mose entsprechend seiner literarischen Gattung und Form auch in seiner Geschichtsaussage verstanden und geglaubt wird. Es geht hier zwar nicht um eine naturwissenschaftliche Abhandlung über die Weltentstehung, aber um die Wahrheit und Wirklichkeit des Anfangs der Welt durch das geschichtsmächtige Handeln Gottes. Umgekehrt wird es wichtig sein, die poetischen Schöpfungsaussagen der Bibel in ihrer dichterischen Aussageabsicht zu verstehen. Ihre poetische Bildhaftigkeit wäre missverstanden, wenn man angesichts dichterischer Motive, wie der Rede von den »Säulen der Erde« oder vom »Kampf mit Rachab und Leviathan«, schließen würde: Aha, so haben sich die Israeliten also konkret die Schöpfung vorgestellt! Das Beachten der Gattung und Form kann lehren, Prosa als Prosa und Poesie als Poesie auszulegen.

b) Neutestamentliche Literaturformen

Im Neuen Testament hat sich die Untersuchung der Literaturformen besonders auf die sogenannte formgeschichtliche Erforschung der Synoptischen Evangelien konzentriert.

Im Folgenden stellen wir zunächst die literarischen Formen innerhalb der Evangelien vor. Dabei wollen wir uns allerdings nicht auf die

Auflistung von literarischen Formen beschränken, sondern diese, wo es nötig erscheint, auch kurz erläutern sowie Beispieltexte angeben. Durchgesetzt haben sich hier die Bezeichnungen der bahnbrechenden formkritischen Werke von M. Dibelius, R. Bultmann und K. Berger. Natürlich weichen Klassifizierung und Begriffe der einzelnen Formkritiker zuweilen voneinander ab. So werden die Gleichnisse von manchen Theologen noch einmal in »Eigentliche Gleichnisse«, »Parabeln«, »Beispielerzählungen« und »Allegorien« unterteilt, eine Unterscheidung, die letztlich allerdings wenig Sinn ergibt. Im Rahmen dieses Buchs ist es kaum möglich, die verschiedenen Klassifizierungsmöglichkeiten zu diskutieren.

Die Wortüberlieferung der Evangelien

WEISHEITSWORTE

(Worte, die ähnlich wie die alttestamentlich-jüdische Spruchweisheit gebildet sind)

- *Grundsätze:* z. B. Mt 6,34b; Lk 10,7.
- *Mahnworte:* z. B. Mt 10,16; Lk 14,8ff
- *Fragen:* z. B. Mt 6,27; Lk 6,39.

PROPHETISCHE WORTE

- *Heilsworte*: z. B. Mt 11,5f; Mk 10,29f; Lk 6,20f
- *Drohworte:* z. B. Mt 23; Lk 13,28f
- *Mahnworte* (eschatologisch motiviert): z. B. Lk 12,35-38; 21,34-36.
- *Apokalyptische Worte* (im Stil der alttestamentlich-jüdischen Apokalyptik formulierte, bildreiche Zukunftsansagen): z. B. Mk 13; Lk 17,20-37.

GESETZESWORTE / GEMEINDEREGELN

(Bestimmungen und Verhaltensregeln für unterschiedlichste Fälle; z.T. als Thoraauslegung; kasuistisch formuliert: »wenn ..., dann«, oder katechismusartig aneinandergereiht): z. B. Mt 5,34ff; 6,5f; 6,16ff; 10,5-16; 18,15-17; 23,8-10; Mk 2,27; 11,25; Lk 3,10-14.

CHRISTUS-WORTE

(Selbstoffenbarende Worte Jesu. Andere sprechen hier nur von »Ich-Worten« Jesu)

- *Menschensohn-Sprüche:* z. B. Mt 8,20; Mk 10,45.
- *Ich-Worte:* Mt 11,27-30; 23,34-39.
- *Ich-bin-Worte* (nur im Johannesevangelium): Joh 6,35; 8,12; 10,7.9; 10,11.14; 11,25; 14,6; 15,1.5.

BILDHAFTE WORTE

(Bildhaft ausgedrückte Worte und Reden Jesu, wovon den Gleichnissen besondere Bedeutung zukommt)

- *Bildworte* (Sprichwörter, die eine Sache bildlich ausdrücken): z. B. Mt 5,14; 8,20; 10,24; Mk 4,24f; Lk 5,38.
- *Metaphern* (Worte, die einen Sachverhalt teilweise ins Bildhafte übertragen): z. B. Mt 7,13f; 8,22; 9,37; 15,14.
- *Vergleiche* (Sach- und Bildhälfte des Wortes werden durch ein Vergleichswort wie etwa: »wie ..., so« verbunden): z. B. Mt 10,16; 24,27; Lk 11,44.
- *Gleichnisse* (die wir, entsprechend der jeweiligen Aussageabsicht Jesu, in drei Kategorien einteilen):

- Eingipflige Gleichnisse, in denen Jesus einen einzigen Punkt anhand einer Beispielerzählung illustrieren will. Zu dieser Kategorie gehören die meisten der insgesamt 41 synoptischen Gleichnisse: z. B. Mt 13,45f; Mk 4,26-29; Lk 18,1-8.
- Zweigipflige Gleichnisse, die zwei Zielaussagen enthalten, wobei die Hauptbetonung jeweils auf dem zweiten »Gipfel« liegt. Zu dieser Kategorie gehören insgesamt nur 4 Gleichnisse:

  Mt 20,1-15: Gleichnis vom gütigen Arbeitsherrn;
  Mt 22,1-14: Gleichnis vom großen Abendmahl;
  Lk 15,11-32: Gleichnis vom liebenden Vater;
  Lk 16,19-31: Gleichnis vom reichen Mann und armen Lazarus.
- Allegorisierende Gleichnisse, bei denen Jesus eine geistliche Ausdeutung bzw. anwendende Übertragung der erzählten Einzelzüge beabsichtigt hat. Weil die beabsichtigte Bedeutung bei dieser Gleichnisart nicht immer auf der Hand liegt, wird wiederholt im Anschluss an das Gleichnis auch seine Deutung geliefert:

  Mt 13,3-9; 13,18-23.
  Mt 13,24-30; 13,36-43.

Leichte Allegorisierungen können auch in ein- und zweigipfligen Gleichnissen vorkommen (z. B. Mt 21,33-46, »Der böse Weingärtner«; Mt 22,1-14, »Hochzeitsmahl«), indem die Sachhälfte etwas stärker als sonst in die Bildhälfte einwirkt. Die Deutung wird allerdings nicht eigens genannt.

• Die Geschichtsüberlieferung der Evangelien

Auch in den erzählenden Teilen der Evangelien findet sich eine Vielfalt von literarischen Formen:

PARADIGMEN bzw. WORTGESCHICHTEN

Kurze Geschichten, die in ein prägnantes Jesuswort einmünden: z. B. Mt 8,19f; 8,21f; 17,24-27; Mk 2,23-28; Lk 5,1-11; 19,1-10. Teilweise überschneiden sich die Paradigmen mit den Wunderberichten, vgl. Mk 2,1-12. Bultmann nannte diese Texte übrigens »Apophthegmata« und rechnete sie der Wortüberlieferung zu.

STREITGESPRÄCHE

Erzählungen, die über eine Auseinandersetzung Jesu mit seinen Gegnern berichten: z. B. Mk 11,27-33; 12,28-34.

WUNDERBERICHTE

- *Heilungswunder:* z. B. Mt 8,5-13; 9,1-8.
- *Exorzismen:* z. B. Mk 1,21-28; 5,1-20.
- *Naturwunder:* z. B. Mt 8,23-27; Mk 4,37-41; 6,45-52; 8,1-9; Joh 2,1-12.

EINSETZUNGSBERICHTE

Berichte über die Einsetzung des Abendmahls: Mt 26,26-29; Mk 14,22-25; Lk 22,15-20; vgl. 1Kor 11,23-25.

LEIDENSGESCHICHTE JESU

Die zusammenhängende Erzähleinheit, die von der Verhaftung Jesu bis zur Darstellung seines Todes – bzw. nach anderen: bis zum leeren Grab – reicht: Mk 14,43-15,39 und Parallelen.

GESCHICHTSERZÄHLUNGEN[26]

Folgende Erzählungen, die nicht zu den bereits genannten Kategorien der Geschichtenüberlieferung gehören, verbleiben und fallen unter den Oberbegriff Geschichtserzählung:

- Die *Vorgeschichten*: Mt 1-2; Lk 1-2.
- Die *Taufe Jesu*: Mt 3,13-17 u. Parallelen.
- Die *Versuchung Jesu*: Mt 4,1-11 u. Parallelen.
- Das *Petrusbekenntnis*: Mt 16,13-20 u. Parallelen.
- Die *Verklärung Jesu*: Mt 17,1-9 u. Parallelen.
- Die *Einzugsgeschichte*: Mt 21,1-11 u. Parallelen.
- Die *Auferstehungsgeschichten*, d. h. die Berichte der einzelnen Erscheinungen des Auferstandenen (siehe auch unter »Leidensgeschichte Jesu«): Mt 28; Mk 16; Lk 24; Joh 20+21.

Weitere neutestamentliche Literaturformen

Von den 27 neutestamentlichen Schriften sind 21 als BRIEFE in der einen oder anderen Form zu betrachten. Hat man früher (A. Deissmann) zwischen dem eigentlichen Brief und der Epistel (einer nur literarisch in Briefform abgefassten Abhandlung) unterschieden, ist man im Blick auf die neutestamentlichen Briefe heute von dieser

26 Andere sprechen in diesem Zusammenhang von »Legenden«, was aber – aufgrund historisch-kritischer Vorurteile – ein negatives Urteil über die Historizität des Berichteten einschließt.

Unterscheidung abgekommen. Im Neuen Testament ist der Brief ein Mittel urchristlicher Missions- und Gemeindearbeit, ob er sich nun an Privatpersonen wendet (Phlm; 3Joh), Mitarbeiter anspricht (Pastoralbriefe), an eine einzelne Gemeinde gerichtet ist (Röm), eher Rundbriefcharakter hat (Eph) oder sich an eine breitere Empfängerschaft wendet (Hebr; Jak).

Die paulinischen Briefe folgen hinsichtlich des formalen Rahmens weitgehend dem hellenistischen Briefformular, wobei sich die Grußform aber eher an die jüdische Sitte des Friedensgrußes anlehnt. Folgende Elemente gehören zu diesem Grundmuster:

DAS HELLENISTISCH-PAULINISCHE BRIEFFORMULAR

- *Briefeinleitung:* Präskript mit Absenderangabe, Adressatenangabe, Gruß.
- *Proömium:* Einleitendes Vorwort als Überleitung vom Präskript zum Hauptteil des Briefes mit Danksagung und Fürbitte.
- *Briefkorpus:* Hauptteil des Briefes (der in sich viele Einzelgattungen enthält).
- *Briefschluss:* mit persönlichen Hinweisen, Grüßen, persönlichem Segenswunsch.

Innerhalb der neutestamentlichen Briefe sind ihrerseits vielerlei Einzelformen benutzt. Ohne Vollständigkeit zu beanspruchen wollen wir einige der wichtigsten nennen:

LITURGISCHE FORMEN

Den Begriff »liturgisch« verwenden wir hier in einem sehr weiten Sinn, ohne dadurch sagen zu wollen, dass die entsprechenden Stücke ihren ursprünglichen Ort in einer – nur hypothetisch annehmbaren – urchristlichen Liturgie gehabt hätten und später in den Brief eingefügt wurden.

- *Hymnus:* Der Hymnus hat einen preisenden, rühmenden Klang und fällt formal durch seinen Relativ- oder Partizipialstil und teilweise durch strophischen Aufbau auf. Wir finden im Neuen Testament:
  - Gotteshymnen: z. B. Röm 11,33-36.
  - Christushymnen: z. B. Phil 2,6-11; Kol 1,15-20; 1Tim 3,16; 1Ptr 2,21-24.
- *Doxologie:* Als Doxologie bezeichnet man kurze Sätze des Lobpreises Gottes: z. B. Röm 11,36; 16,27; 2Kor 1,3; Gal 1,5; Eph 1,3; 3,21; Phil 4,20; 1Tim 1,17; 2Tim 4,18; 1Ptr 1,3; Offb 4,8.11; 5,9f.
- *Bekenntnisformeln:* Wir können hier unterscheiden:
  - Die Homologie (ein kurzes Bekenntnis zu Gott bzw. zu Christus als dem Herrn): z. B. Röm 3,30; 10,9; 1Kor 8,6; 12,3; vgl. Phil 2,10.
  - Bekenntnisse im eigentlichen Sinn, entweder in Form eines ausführlichen Credos: 1Kor 15,3-5; evtl. Röm 1,3f; 1Ptr 1,18-21; 3,18-22; oder in Form einer kurzen Glaubensformel, mit der Tod und Auferstehung Christi bekannt werden: Röm 4,24f; 5,6.8; 8,34; 14,15; 1Kor 8,11; 2Kor 13,4; Gal 2,21; 3,13; 1Thess 4,14.

PARÄNETISCHE (»ermahnende«) FORMEN

- *Tugend- und Lasterkataloge:*
  - Lasterkataloge: z. B. Röm 1,29-31; 1Kor 5,10f; 6,9f; Gal 5,19-21; Eph 4,31; 5,3-5; Kol 3,5-8; 1Tim 1,9f; 2Tim 3,2-4.
  - Tugendkataloge: z. B. Gal 5,22f; Eph 4,2f; Phil 4,8; Kol 3,13-14; 1Tim 4,12; 2Ptr 1,5-7.

Katalogische Aufzählungen dieser Art finden sich nicht nur – wie manchmal der Eindruck erweckt wird – formal ähnlich in der kynisch-stoischen Ethik, sondern schon im Alten Testament und im Frühjudentum.

- *Haustafeln:* Dies sind kurze Ermahnungen zu christlich-ethischem Verhalten für die verschiedenen Personenkreise im christlichen Haushalt. In diesen Haustafeln kann die Personenfolge und Personenzusammensetzung von Fall zu Fall variieren: z. B. Eph 5,22-6,9; Kol 3,18-4,1; 1Tim 2,8-15; Tit 2,1-10; 1Ptr 2,13-3,12. – Für Haustafeln gibt es gewisse Vorformen im Judentum (Spr 1,8-19; Sir 7,3-28; 30,1-13; 4Makk 2,10-14; Philo Decal 165-167) und in der semitisch beeinflussten Stoa; allerdings gibt es außerhalb des NT keine vollständig aufgeführte Haustafel.
- *Pflichtenkataloge:* Dies sind Listen mit Tätigkeits- und Qualifikationsmerkmalen für gemeindliche Mitarbeiter in den neutestamentlichen Briefen. Sie liegen uns vor im Blick auf
  - Älteste/Bischöfe: 1Tim 3,1-7; 5,17-22; Tit 1,5-9.
  - Diakone: 1Tim 3,8-13.
  - Gemeindewitwen: 1Tim 5,3-16.

  In Tit 2,1-10 gehen Pflichtenkatalog für einen gemeindlichen Mitarbeiter und Haustafel ineinander auf.

Der exegetische Umgang mit den neutestamentlichen Literaturformen soll nun nachfolgend beispielhaft im Umgang mit den Gleichnistexten verdeutlicht werden.

Nicht immer ist Bibelauslegern der Umgang mit den Gleichnissen Jesu leichtgefallen. Jahrhundertelang meinte man, der einzigartigen Qualität der Gleichnisreden Jesu als Offenbarung Gottes am besten dadurch gerecht werden zu können, dass man jeden Einzelzug der Beispielerzählung geistlich ausdeutete.

Beim Gleichnis vom barmherzigen Samariter (Lk 10,30-37) sah das dann so aus: Der unter die Räuber Gefallene ist der Mensch, der von Sünde und Teufel übel zugerichtet ist; Jesus ist der gute Samariter; er gießt in die von der Sünde geschlagenen Wunden Wein (= sein Opferblut) und Öl (= den Heiligen Geist); dann wird der so Versorgte in die Herberge (= Kirche) gebracht. Dass es Jesus bei dem Gleichnis, wie der Zusammenhang in Lukas 10 deutlich macht, aber um die Frage geht, wer mein Nächster ist bzw. ob ich bereit bin, mich dem anderen gegenüber als Nächster zu verhalten, gerät bei dieser Allegorisierung ganz aus dem Blickfeld. – Oder ein anderes Beispiel: Wie hat doch das Gleichnis von den zehn Jungfrauen (Mt 25,1-13) immer wieder zur vergeistigenden Ausdeutung aller Einzelaspekte angeregt! Gedeutet werden mussten dann die Lampen, das Öl, die Gefäße, die Krämer usw. Sind alle zehn Jungfrauen als Christen anzusehen – oder fünf nur als Namenschristen, die lediglich den Schein (vgl. die Lampen!) geistlichen Lebens hatten? Aber wenn das Öl – wie meist vertreten – den Heiligen Geist symbolisiert, müssen dann nicht doch alle zunächst den Geist gehabt haben? Verlieren wiedergeborene Christen also den Geist wieder? Und was bedeutet es, das Öl im Gefäß zu haben und nicht nur in der Lampe? Ja, überhaupt, warum schicken die klugen Jungfrauen im entscheidenden Moment die andern zu den Krämern? Auslegungen, die solchen Ausdeutungsversuchen nachgingen, haben unserer Einsicht nach das Gleichnis mehr verdunkelt als erhellt. Dass es Jesus im Zusammenhang um die eine Botschaft geht: »Darum wachet, denn ihr wisst nicht, wann der Herr kommt!«, gerät im Ringen um die rechte Allegorie aus dem Blickfeld. Die Liste der Beispiele ließe sich fortsetzen.

Umgekehrt wollten die alten Liberalen um die Jahrhundertwende zum 20 Jh. den Gleichnissen jeweils nur eine einzige allgemeinmoralische Maxime entnehmen. Jesus mit seiner mächtigen Predigt wurde auf das Mittelmaß eines säuerlichen Moralisten reduziert, der – schön nach der Rhetorikregel des Aristoteles – nur jeweils einen einzigen, allgemein einsichtigen Punkt durch eine Beispielerzählung illustrieren wollte.

So habe Jesus mit dem Gleichnis von den anvertrauten Talenten (Mt 25,14ff) lediglich den Gedanken illustrieren wollen: »Lohn gibt es nur für Leistungen!«[27] Mit diesem Ansatz hatte man den Inhalt der Verkündigung von Jesus auf das Maß bürgerlicher Moral verkürzt. Die Reich-Gottes-Dimension geriet aus dem Blickfeld. Und wenn sich in neutestamentlichen Gleichnissen Anzeichen dafür fanden, dass es im Text offenbar nicht nur um eine einzige Maxime ging, sondern tatsächlich bildhaft verschlüsselt geistliche Wirklichkeiten dargestellt werden sollten (wie etwa im Gleichnis vom vierfachen Ackerfeld, Mt 13,3-8.18-23), wurden solche Aussagen als nicht auf Jesus selbst zurückgehende Allegorisierungen durch die frühchristliche Gemeinde angesehen.

Worauf ist nun bei der Gleichnisauslegung zu achten? In aller Kürze lassen sich thesenartig folgende Hinweise geben:

- Ein Gleichnis ist weder ein historischer Bericht über ein konkretes Ereignis noch eine um des bloßen Erzählens willen erzählte Geschichte, sondern eine Beispielerzählung mit Verkündigungsabsicht.
- Ziel der Auslegung ist es, die vom Gleichniserzähler verfolgte Verkündigungsabsicht herauszuarbeiten. »Was wollte Jesus mit dem Gleichnis seinen Hörern damals sagen?«, ist die entscheidende Frage und eben nicht: »Was kann ich das Gleichnis in der Auslegung alles bedeuten lassen?«
- Die Sachaussage (Verkündigungsabsicht) eines Gleichnisses ist in die bildhafte Redeweise der Beispielerzählung eingekleidet. Von

---

27 So A. Jülicher: *Die Gleichnisreden Jesu*. Bd. 2: *Auslegung der Gleichnisreden der drei ersten Evangelien*, S. 495. Freiburg: Mohr, 1899.

daher hat die Gleichnisauslegung zwischen Bildhälfte und Sachhälfte eines Gleichnisses zu unterscheiden.

- Nicht jeder Einzelzug der Bildhälfte ist in der Regel auf die Sachhälfte zu übertragen. Dies wäre eine Allegorie, die jeden Einzelzug vergeistigend deutet. Meist aber hat der Erzähler einer Beispielerzählung seine Geschichte gar nicht mit der Absicht konstruiert, auf der Bildhälfte jede Einzelheit mit einer geheimnisvollen Bedeutung zu versehen. Und auf die Absicht des Erzählers kommt es an.
- Wie weiter oben schon ausgeführt, gibt es sogenannte eingipflige Gleichnisse (mit denen Jesus einen einzigen Punkt illustrieren wollte), einige zweigipflige Gleichnisse (die zwei Zielaussagen enthalten, wobei der Nachdruck auf der zweiten Aussage liegt) und einige wenige allegorisierende Gleichnisse (die von Jesus mit der Absicht konstruiert sind, dass den Einzelzügen auf der Bildseite eine bestimmte übertragene Bedeutung auf der Sachseite entspricht).
- Der Kontext des Gleichnisses gibt dem Ausleger in der Regel den Schlüssel für das Verständnis der beabsichtigten Bedeutung an die Hand; denn hier wird zumeist die Situation geschildert, auf die Jesus mit seinem Gleichnis antwortet. So beantwortet er mit dem Gleichnis vom barmherzigen Samariter in Lukas 10 die Frage: »Wer ist mein Nächster?« (V. 29), und er gibt dieser Frage in seinem Gleichnis die Wendung auf die Fragestellung hin: »Wem bin ich bereit, Nächster zu sein?« Mit den Gleichnissen vom verlorenen Schaf, dem verlorenen Groschen und dem verlorenen Sohn in Lukas 15 geht Jesus auf die (in Lk 15,1-2 geschilderte) Situation ein, dass sich die Pharisäer nicht darüber freuen konnten, dass Jesus die Sünder annimmt. Jesus antwortet darauf mit den drei Gleichnissen, wobei die ersten beiden eingipflig sind, das letzte zweigipflig ist. Nehmen wir als drittes Beispiel das Gleichnis vom vierfachen Ackerfeld (Mt 13,3ff u.18ff). Seine allegorisierende Absicht wird daran deutlich, dass Jesus vier unterschiedliche Szenen malt, die offenbar jeweils ihre Bedeutung haben sollen. Von dieser Sachhälfte her ist die Bildhälfte in ihren Einzelzügen konstruiert. Weil die Bedeutung von allegorisierenden Gleichnissen den Hörern aber

nicht immer gleich ersichtlich sein konnte, wird – wie hier in V. 18ff – die Deutung gleich mitgeliefert.

- Wichtig für die Gleichnisauslegung ist, dass die erzählten Szenen vom geschichtlichen Hintergrund des alten Palästina her zu verstehen sind. Denn meistens erzählte Jesus ja Vorgänge, wie sie sich so oder ähnlich immer wieder im damaligen Volksleben hätten zutragen können – auch wenn er den Dingen im Gleichnis manchmal eine überraschende Wendung und radikale Zuspitzung gab. So knüpft das Sämannsgleichnis an die palästinensische Gewohnheit an, erst auf den noch unbereiteten Boden zu säen und dann alles unterzupflügen. Und das Gleichnis von den zehn Jungfrauen knüpft an Vorkommnisse an, wie sie im Zusammenhang der Heimholung einer Braut und der Hochzeitsfeier zum gewohnten Bild gehörten – mit Ausnahme des überraschenden, ja schockierenden Gleichnisschlusses!

(3) Die Stilfiguren der Texteinheit auflösen

In der Heiligen Schrift gibt es nicht nur eine Vielzahl literarischer Gattungen und Formen, sondern auch eine Fülle eigentümlicher Stilformen und Ausdrucksweisen. Die stilanalytische Betrachtung untersucht die ästhetischen Eigenschaften der Texte im Zusammenhang mit der Frage nach ihrer Absicht. Nur einige der wichtigsten Stilformen können hier genannt werden. Wir stellen sie in alphabetischer Reihenfolge vor:

AKROSTICHIE: Das Wort Akrostichie (von griech. *akros*, »Anfang«, und *stichoi*, »Verszeilen«) bezeichnet ein alphabetisierendes Poesiemuster. Dabei folgen die Anfangsbuchstaben der einzelnen Zeilen oder Strophen, nacheinander gelesen, entweder dem Alphabet (das heißt, das erste Wort der 1. Strophe beginnt mit A, das erste Wort der 2. Strophe mit B usw.); oder die Anfangsbuchstaben bilden, in Reihenfolge gelesen, bestimmte Wörter (Wortakrostichie). Im hebräischen Alten Testament findet sich diese Stilfigur z.B. in Ps 9; 10; 111; 119; 145; Spr 31,10-31; Klgl 1-4.

ALLEGORIE: Die Allegorie (von griech. *allos agoreuo,* »anderes reden«) bezeichnet eine Redeweise, bei der eine bildhafte Darstellung in allen Einzelzügen ins Konkrete übertragen werden will (so, möglicherweise, in Hohelied 2,15: »Ergreift für uns die Füchse ..., die Verderber der Weinberge!«, wo – nach einigen Auslegern – mit den Füchsen die zudringlichen Burschen, mit den knospenden Weinbergen die Mädchen bezeichnet sind). Manchmal sieht eine Allegorie so aus, dass eine konkrete Geschichte in ihren Einzelzügen vergeistigt angewandt wird (so Paulus in Gal 4,21-31).

ANAKOLUTH: Das Anakoluth (von griech. *an,* »ohne«, und *akoluthon,* »Folge«) bezeichnet das Abspringen von einer bereits begonnenen Satzkonstruktion und das Fortsetzen des Satzes in einer anderen Weise. Beispiele für diese Ausdrucksweise finden sich bei Lukas (Lk 21,6: »Was ihr da seht – es werden Tage kommen ...«) und bei Paulus (Eph 3,1f: »Deshalb ich, Paulus, der Gefangene Christi Jesu für euch Heiden – wie ihr ja gehört habt von dem Amt...«).

ASYNDESE: Die Asyndese (von griech. *asyndetos,* »nicht zusammengebunden«) bezeichnet das in der Bibel häufige Fehlen von Bindeworten zwischen einzelnen Wörtern oder Satzteilen. Bei den folgenden Beispielen sind die fehlenden Bindewörter in Klammern zugefügt: »Jahwe hat den Stab (und) das Zepter der Herrscher zerbrochen«, Jes 14,5; oder: »Und gehe zuerst hin (und) versöhne dich mit deinem Bruder«, Mt 5,24.

CHIASMUS: Diese in der Bibel sehr häufige Sprachfigur arbeitet mit der Entsprechung von Satzteilen in umgekehrter Reihenfolge. Die Bezeichnung »Chiasmus« geht auf den griechischen Buchstaben Chi (geschrieben: X) zurück, der wie unser X eine Kreuzstellung symbolisiert. Es gibt verschiedene Muster des Chiasmus:

- Das Muster a b – b'a' (z.B. Spr 10,3):
  (a) Nicht wird schmachten lassen Jahwe
  (b) den Lebensdurst des Gerechten;
  (b') aber die Gier des Verbrechers
  (a') stößt er zurück.

- Das Muster a b c – c'b'a' (z.B. 1Mo 9,6):
  (a) Wer vergießt
  (b) Blut
  (c) von Menschen,
  (c') durch Menschen
  (b') sein Blut
  (a') soll vergossen werden.

- Die so genannte konzentrische Struktur a b c d c'b'a' (z.B. Jona 1,3):
  (a) Da machte sich Jona auf, zu fliehen nach Tarsis, fort vom Antlitz Jahwes;
  (b) er begab sich hinab nach Japho,
  (c) er fand ein Schiff,
  (d) welches fuhr in Richtung Tarsis.
  (c') Er bezahlte dessen Preis,
  (b') er begab sich hinab in ihm,
  (a') um mit ihnen zu fahren nach Tarsis, fort vom Antlitz Jahwes.

Erkennt der Exeget die Entsprechung solcher chiastischer Satzglieder, gibt ihm dies oft den Schlüssel für die Bedeutung der einzelnen Ausdrücke bzw. Satzglieder an die Hand, denn in der zweiten Hälfte der Reihe werden Wörter oder Motive aus der ersten Hälfte in umgekehrter Richtung aufgegriffen. In der Regel steht hier meist das Wichtigste im Zentrum der ringförmigen Komposition. Beim Aufspüren einer chiastischen Struktur ist allerdings darauf zu achten, dass sich die Größe der Unterabschnitte auch entspricht und ihr Inhalt korrespondiert.

ELLIPSE: Mit dem Begriff Ellipse (von griech. *ekleipo,* »auslassen«) wird die Sprachform der Auslassung an sich notwendiger Wörter innerhalb eines Satzgefüges bezeichnet. Die zu ergänzenden Wörter stehen in den folgenden Beispielen in Klammern: »Sie tat es, und er maß sechs (Maß) Gerste hinein«, Rut 3,15; oder: »Reden alle in (anderen) Zungen?«, 1Kor 12,30. Eine Sonderform der Ellipse ist das Zeugma (von griech. *zeugnymi* = verbinden). Dabei wird ein Tätigkeitswort auf zwei Objekte bezogen, obwohl es streng genommen nur auf eins der beiden passt, während das zu dem zweiten Objekt passende Verb ausgelassen ist. Beispiel: »Er hüllte sich in Sack und (streute) Asche (auf sich)«, Est 4,1; oder: »Milch gab ich euch zu trinken, nicht feste Kost (zu essen)«, 1Kor 3,2.

EUPHEMISMUS: Beim Euphemismus (von griech. *euphemeo,* »gut reden«) werden anstößige Wörter durch harmlosere ersetzt. Beispiel: »Lege deine Hand unter meine Hüfte [gemeint ist: auf mein Glied]«, 1Mo 24,2; »Unser Freund Lazarus schläft [gemeint: ist gestorben]«, Joh 11,11; oder: »Und er erkannte sie nicht [gemeint: hatte keinen Geschlechtsverkehr mit ihr]«, Mt 1,25.

HENDIADYOIN: Diese Stilbezeichnung – von manchen auch Hendiadys genannt (griech.: eins durch zwei) – steht für Ausdrücke, bei denen eine Sache durch zwei Begriffe bezeichnet wird. Beispiele: »Ich mache deine Mühsal und deine Schwangerschaft [gemeint: die Mühsal deiner Schwangerschaft] sehr groß«, 1Mo 3,16; oder: »Wegen der Hoffnung und der Auferstehung der Toten [gemeint: wegen der Auferstehungshoffnung] stehe ich vor Gericht«, Apg 23,6.

HYPERBEL: Mit diesem Ausdruck (von griech. *hyper ballo* = darüber hinauswerfen, über das Maß hinausgehen) wird die Stilfigur der Übertreibung bezeichnet, durch die eine Sache drastisch deutlich gemacht werden soll. Beispiele: »Wenn dir deine rechte Hand Anlass zur Sünde gibt, haue sie ab!«, Mt 5,30; oder: »Was siehst du aber den Splitter in deines Bruders Auge, doch den Balken in deinem Auge nimmst du nicht wahr?«, Mt 7,3.

INCLUSIO: Die Inclusio (lat. für »einschließen«) bezeichnet das Einschließen eines Verses oder Abschnitts durch das gleiche markante Wort bzw. die gleichen Worte am Anfang und am Schluss. Beispiel: »An ihren Früchten werdet ihr sie erkennen! Sammelt man etwa Trauben von Dornen ...? So bringt jeder gute Baum gute Früchte ... Also an ihren Früchten werdet ihr sie erkennen!«, Mt 7,16-20. Die Formulierungen in Matthäus 4,23 und 9,35 bilden ebenfalls eine Inclusio und fassen somit die Kap. 5-9 zu einer thematischen Einheit zusammen.

MERISMUS: Der Merismus (von griech. *merismos,* »Teilung, Zergliederung«) ist jene polare Ausdrucksweise, bei der eine Sache in ihrem ganzen Umfang durch zwei einander gegenüberstehende Teilausdrücke bezeichnet wird. Beispiele: »Von der Fußsohle bis zum Haupt ist nichts Heiles an dir«, Jes 1,6; oder: »Stiege ich zum Himmel hinauf, so bist du da; bettete ich mich im Scheol, siehe, du bist da. Erhöbe ich die Flügel der Morgenröte, ließe ich mich nieder am äußersten Ende des Meeres: auch dort würde deine Hand mich leiten«, Ps 139,8f; oder auch: »Denn ich bin überzeugt, dass weder Tod noch Leben, weder Engel noch Mächte, weder Gegenwärtiges noch Zukünftiges, noch Gewalt, weder Höhe noch Tiefe, noch irgendein Geschöpf uns wird scheiden können von der Liebe Gottes«, Röm 8,38f.

METONYMIE: Mit Metonymie (von griech. *meta onoma,* »Mitbenennung«) wird der Gebrauch eines bestimmten Wortes anstelle eines anderen bezeichnet. Dabei kann die Ursache für die Wirkung genannt werden (und umgekehrt), der Stoff für das Produkt, das Gefäß für den Inhalt, ein abstrakter Begriff für die Konkretion. Beispiele: »... die Propheten [gemeint: die Prophezeiungen] aufzulösen«, Mt 5,17; oder: »Wir wären nicht ... am Blut [gemeint: Mord] der Propheten schuldig geworden!«, Mt 23,30; »... obwohl ich Staub und Asche [gemeint: nur ein vergänglicher Mensch] bin«, 1Mo 18,27; »Könnt ihr den Kelch [gemeint: den Inhalt des Kelches] trinken ...?«, Mt 20,22; oder auch: »Um der Hoffnung Israels [gemeint: um des Messias] willen trage ich diese Fesseln«, Apg 28,20. Auch auf Deutsch verwenden Eltern gerne die Sprachfigur der Metonymie, wenn sie ihren Kindern sagen: »Iss deinen Teller auf!«, und dabei das Gefäß an Stelle des Inhalts nennen.

PARALLELISMUS: Diese Stilform, auch »Parallelismus membrorum« (lat.: Parallelordnung der Glieder) genannt, muss wegen ihrer Bedeutung etwas ausführlicher erklärt werden. Der Parallelismus ist die Grundform der hebräischen Dichtung. Während Poesie im Deutschen wesentlich durch den Endreim gekennzeichnet ist – ein Gedicht »reimt sich« –, gibt es im Hebräischen den Endreim nicht. Die Grundform poetischer Ausdrucksweise ist in den semitischen Sprachen stattdessen die Parallelordnung der Glieder eines Spruchverses. Die beiden Zeilen eines Verses entsprechen sich dabei im Aufbau oder Inhalt. Im Folgenden nennen wir die wichtigsten Formen des Parallelismus:

a) Der *synonyme Parallelismus*. Hierbei entsprechen sich die beiden Zeilen eines Verses inhaltlich. Beispiele: »Denn Feuer ging von Hesbon aus // die Flamme von der Burg Sichons«, 4Mo 21,28; oder: »Des Herrn ist die Erde und ihre Fülle // die Welt und die darauf wohnen«, Ps 24,1.

Wenn im synonymen Parallelismus gewisse Ausdrücke nur in der einen Zeile gebraucht werden, ohne dass die andere Zeile eine Entsprechung dafür hat, wird dort dieses Fehlen oft durch silbenreichere Synonyme bei den anderen Wörtern ausgeglichen. Man spricht in diesem Fall von einer »Ballast-Variante«. Beispiel: »Als herauskam Israel aus Ägypten // das Haus Jakobs aus einem Volk von fremder Sprache«, Ps 114,1. Hier fehlt das Verb in der 2. Zeile, wofür dann synonym zu »Ägypten« ein silbenreicherer Ausdruck verwendet wird: »ein Volk von fremder Sprache«.

b) Der *antithetische Parallelismus:* In diesem Fall ist der Inhalt der beiden Versglieder entgegengesetzt. Beispiele: »Ein weiser Sohn wird erfreuen den Vater // aber ein törichter Sohn ist der Kummer seiner Mutter«, Spr 10,1; oder: »Gerechtigkeit erhöht ein Volk // aber die Sünde ist der Leute Verderben«, Spr 14,34. Es kann auch sein, dass zwei Verse, die jeweils in sich einen synonymen Parallelismus aufweisen, Vers zu Vers im antithetischen Parallelismus stehen. So in Jes 1,3: »Der Ochse kennt seinen Herrn / und der Esel die Krippe seines Herrn (»Ballast-Variante«) // Aber Israel hat keine Erkenntnis / mein Volk hat keine Einsicht!«

c) Der *synthetische Parallelismus*. Bei dieser Art des Parallelismus geht es streng genommen nicht mehr um eine Parallelordnung der Verszeilen, sondern um eine – meist steigernde – Weiterführung des Gedankens der ersten Zeile in der zweiten. Beispiel: »Tod und Leben sind in der Gewalt der Zunge // und wer sie liebt, wird ihre Frucht essen«, Spr 18,21. Das sich steigernde Element kann auch in der Form eines dreigliedrigen Parallelismus zum Ausdruck kommen: »Singt dem Herrn ein neues Lied / singt dem Herrn, alle Erde / singt dem Herrn, segnet seinen Namen«, Ps 96,1f.

Die Kenntnis der Eigenart des Parallelismus ist für den Ausleger eine Grundvoraussetzung für das rechte Verständnis der entsprechenden poetischen, weisheitlichen und prophetischen Aussagen. Beispielsweise lässt die Lutherübersetzung zunächst verschiedene Deutungen für Ps 12,2a zu: »Hilf, Herr, die Heiligen haben abgenommen …!« Wer nicht weiß, dass in der zweiten Vershälfte der gleiche Gedanke noch einmal wiederholt wird, könnte auf den Gedanken kommen, dass hier das Gewicht der Gläubigen zur Debatte steht. Doch der synonyme Parallelismus in Vers 12b klärt die Situation: »… und gläubig sind wenige unter den Menschenkindern.«

Dabei ist es eine Hilfe für den Bibelleser, dass einige neuere Übersetzungen in den Psalmen, den Sprüchen, Teilen der großen Propheten und an manchen anderen Stellen des Alten Testaments einen strophenförmigen Druck bieten, um auf poetische Passagen mit der Stilform des Parallelismus im Hebräischen hinzuweisen.

PARS PRO TOTO: Dieser Begriff (lat.: ein Teil für das Ganze) bezeichnet jene Ausdrucksform, bei der ein Teil der Sache für das Ganze steht. Beispiele: »Sie haben sich unter den Schatten meines Balkens (gemeint: Hauses) begeben«, 1Mo 19,8; oder: »Unser tägliches Brot (gemeint: Nahrung) gib uns heute«, Mt 6,11.

PASSIVUM DIVINUM: Das »göttliche Passiv« ist eine für die Bibelexegese wichtige Stilform. Bekanntlich zeigt die Heilige Schrift eine gewisse Zurückhaltung im Blick auf den häufigen Gebrauch des Gottesnamens. Der Israelit sollte den Namen seines Gottes nicht missbrauchen. Wenn möglich, wurde der Gottesname vermieden. Das Passivum divinum war ein Mittel dazu: Anstelle des Namens Gottes wurde einfach das Passiv (die Leideform) gebraucht. Beispiele: »Da wurde den Heiligen des Höchsten Recht verschafft [gemeint: Gott schaffte ihnen Recht]«, Dan 7,22; oder: »Selig sind die Leidtragenden, denn sie werden getröstet werden [gemeint: Gott wird sie trösten]«, Mt 5,4; und: »Gebt, so wird euch gegeben werden [gemeint: so wird Gott euch geben]«, Lk 6,38.

Es gibt im Einzelnen noch viele Stilfiguren, die in der Bibel verwendet werden, die hier aber nicht besprochen werden können. Für den Ausleger ist wichtig, dass er mit dem Vorkommen bestimmter Stilfiguren rechnet, die dem Hebräischen und Griechischen eigentümlich sind. Oft verbirgt sich in Ausdrucksweisen, die uns verkürzt, fremd oder eigenartig erscheinen, eine solche Stilform. Um den vom Autor beabsichtigten Sinn nicht zu verfehlen, muss der Ausleger mit der entsprechenden Stilfigur vertraut sein – oder aber, wenn ihm die Ausdrucksform fremd ist, in einem Kommentar oder einem der im Anhang genannten Fachbücher nachschlagen.

PRAKTISCHE LEITLINIEN FÜR DEN ARBEITSSCHRITT 5:

- Legen Sie anhand der Fachliteratur fest, zu welcher literarischen Großform (Gattung) Ihre Texteinheit gehört, und beschreiben Sie die Konsequenzen für die Auslegung.
- Legen Sie anhand der Fachliteratur fest, zu welcher literarischen Kleinform (Form) Ihre Texteinheit gehört, und beschreiben Sie die Konsequenzen für die Auslegung.
- Legen Sie anhand der Fachliteratur fest, welche Stilfiguren in Ihrer Texteinheit enthalten sind, und lösen Sie diese auf.

So wird erkenntlich, dass das Beachten biblischer Gattungen, Formen und Stilarten durchaus seinen Wert für die Auslegung der Bibel hat. Andererseits müssen aber auch die Grenzen gattungs-, form- und stilanalytischer Arbeit gesehen werden. In der alt- und neutestamentlichen Forschung des 20. Jahrhunderts benutzte man die Formkritik oft, um negative Urteile über die Historizität und Echtheit biblischer Texte zu treffen. So wurden Texte etwa als Mythen oder Legenden klassifiziert, und zwar nicht unbedingt deswegen, weil sie der literarischen Form wegen so einzuordnen waren, sondern weil die betreffenden Theologen sich nicht vorstellen konnten, dass die dort berichteten Wunder und Ereignisse wirklich so hatten stattfinden können. Sie ließen nur Erzählungen als historisch gelten, bei denen alles natürlich und mit rechten Dingen zuging. Im Grunde stülpten sie so dem Bibeltext ihre eigene Weltsicht über und versuchten mit fantasievollen Hypothesenkonstruktionen in die Vorgeschichte biblischer Berichte mit ihrem vermeintlich langen Stadium mündlicher Überlieferung einzudringen, um zu erklären wie das, was vermeintlich gar nicht passiert sein konnte, nun doch berichtet wird. Auch für das Neue Testament hat die historisch-kritische Theologie teilweise literarische Formbezeichnungen geprägt (zum Beispiel »Legenden«), die erkennen lassen, dass man – aufgrund weltanschaulicher Vorurteile – das in den Evangelien Berichtete nicht für historisch hält. Bei einem Vertreter der kritischen Theologie wie R. Bultmann werden die Jesusworte und Jesusgeschichten der Evangelien weithin nicht auf Jesus zurückgeführt, sondern einer kreativen Urgemeinde zugeschrieben – obwohl dies aus der literarischen Form nicht hervorgeht. Wir teilen diese kritisch-theologische Anschauung aus grundsätzlichen Erwägungen nicht, denn damit ist der sinnvolle Gebrauch dieser Auslegungshilfe verlassen worden. (Im Rahmen dieses Buchs ist es allerdings nicht möglich, eine eingehende kritische Auseinandersetzung mit der neutestamentlichen Formkritik zu führen. Im Anhang werden jedoch weitere Bücher aufgeführt, die sich mit diesem Thema beschäftigen.) Man springt dann von der Analyse literarischer Gattungen und Formen in die völlig andere Kategorie historischer Werturteile – und meint noch, Letztere aus Ersteren ableiten zu können. Doch auch hier gilt: *abusus non tollit usum* – der Missbrauch hebt den rechten Gebrauch nicht auf. Der Wert konkreter gattungs-, form- und stilanalytischer Beobachtungen kann durch historisch-kritische Spekulationen, die unter dem Namen »Formkritik« betrieben werden, nicht aufgehoben werden.

AUFGABEN ZUR EINÜBUNG DES ARBEITSSCHRITTS 5

Zu Psalm 1,1-6:

Untersuchen Sie, welche Art von Parallelismus in den einzelnen Versen vorliegt.

Zu Epheser 4,1-6:

Lesen Sie nochmals nach, was wir oben über die Briefgattung und ihre Formen geschrieben haben, als wir verschiedene neutestamentliche Literaturgattungen behandelten.

Sehen Sie unter der Bezeichnung »Paränetische Formen« nach, mit welcher Literaturform wir es in Epheser 4,2f zu tun haben.

Die Begriffe und ihre Verbindung in der Texteinheit erkennen

Tiefgang gewinnt die Auslegung, wenn wir die Bedeutung biblischer Begriffe genau untersuchen. Wer den Bedeutungsgehalt biblischer Wörter nicht wie einen Schatz hebt und von der Bibel erwähnte Sachverhalte unerklärt und damit unverstanden lässt, wird kaum über vorgefasste Meinungen und den unerklärten Gebrauch biblischer Vokabeln hinauskommen. Sein Schriftverständnis bleibt ebenso flach wie seine Verkündigung.

Um die Begriffe und ihre Verknüpfungen in der Texteinheit zu erkennen, erforscht der gewissenhafte Ausleger nun im Rahmen einer *sprachlich-grammatischen* Analyse, welche Begriffe der biblische Autor benutzt, und wie er sie verknüpft. Die Untersuchung der Bedeutung von Wörtern und Sätzen nennt man »semantische Analyse«, wobei sich der Ausdruck »Semantik« vom griechischen Begriff für »bezeichnen« herleitet. Mit »syntaktischer Analyse« bezeichnet man die Untersuchung des Satzbaus. Der Begriff »Syntax« leitet sich vom griechischen Ausdruck für »zusammenstellen, anordnen« ab.

Ziel dieses Arbeitsschritts ist die Klärung von sprachlich Unverständlichem und Mehrdeutigem.

LEITSATZ:

Die sprachlich-grammatische Analyse untersucht die Bedeutung einzelner Begriffe und die grammatische Struktur einzelner Sätze.

Die Bibel ist ihrem Wesen nach Wort Gottes. Daraus ergibt sich bereits eine fundamentale Unterscheidung, denn die Bibel hat trotz ihres übernatürlichen Ursprungs (Gott) eine natürliche Erscheinungsform (Wort). Gott als der unsichtbar gegenwärtige Schöpfer bleibt dem begrenzten Erkenntnisvermögen des von ihm erschaffenen

Menschen zwar verborgen. Doch das, was Gott in menschlicher Sprache äußert, ist dem Geschöpf Gottes, dem Menschen, und seinem Erkenntnisvermögen offenbar und verständlich. Durch diese schöpfungstheologische Unterscheidung zwischen dem Schöpfer *(creator)* und seiner Schöpfung *(creatura)* wird deutlich, dass der Mensch auf die Selbstoffenbarung Gottes angewiesen ist und sie auch verstehen kann. Aus der Erscheinungsform des Wortes Gottes, das in menschlicher Sprache abgefasst und in menschlicher Schrift niedergeschrieben wurde, kann man also nicht ihre Fehlbarkeit oder Unzulänglichkeit folgern, sondern ihre Auslegbarkeit und Verständlichkeit für den Menschen. Diese Unterscheidung war für den Reformator Martin Luther von entscheidender Bedeutung.[28] Das Wort Gottes ergeht nicht in den Sprachen der Engel, sondern in ganz normaler menschlicher Sprache, damit die göttliche Botschaft dem Menschen verständlich wird. Deshalb können und sollen wir auch mit dem uns offenbarten göttlichen Sprachmaterial ganz normal umgehen. In unserer sprachlich-grammatischen Analyse haben wir dabei zu beachten, dass jedes Wort zwar einen speziellen Sinn hat. Diesen Sinn darf man sich aber nicht wie einen Punkt vorstellen, sondern als ein Wortfeld, das sich aus verschiedenen Bedeutungsaspekten zusammensetzt. Im konkreten Fall eines Wortgebrauchs im Text sind aber nie alle Bedeutungsaspekte dieses Wortes gleichzeitig gemeint. Um jeweils herauszufinden, was im Einzelfall die richtige, also die von Gott beabsichtigte Bedeutung dieses Wortes an dieser Stelle ist, gilt es bei der Auslegung, die Bedeutungsmöglichkeiten der Wörter in der auszulegenden Texteinheit zu wägen (1) und die Sätze auf ihren Bedeutungszusammenhang hin zu analysieren (2).

28 Näher belegt und ausgeführt bei A. Buchholz: *Schrift Gottes im Lehrstreit. Luthers Schriftverständnis und Schriftauslegung in seinen drei großen Lehrstreitgkeiten der Jahre 1521-28*. Gießen: Brunnen, 2007.

(1) Die Wörter der Texteinheit wägen

Je mehr ein Christ mit seiner Bibel vertraut ist, desto mehr hat er sich an die »Sprache Kanaans« gewöhnt. Biblische Kernworte wie Älteste, Amen, Apostel, Auferstehung, Berufung, Bund, Demut, Dienst, Engel, Erlösung, Evangelium, Fleisch, Geist, Glaube, Gemeinde, Gnade, Gesetz, Gewissen, Heil, Herrlichkeit, Jünger, Kreuz, Leben, Leib, Licht, Menschensohn, Nächster, Opfer, Prophetie, Rechtfertigung, Reich Gottes, Sanftmut, Seele, Sünde, Taufe, Totenreich, Unzucht, Vergebung, Vollmacht, Weisheit, Welt oder Zucht begegnen dem Bibelleser dauernd. Oftmals müsste allerdings gefragt werden: »Verstehst du auch, was du liest?« Wir haben gelegentlich das Experiment gemacht, unsere Schüler oder auch ein Gemeindeglied zu fragen: »Wir alle haben heute sicher schon das Wort ›Segnen‹ oder ›Segen‹ gebraucht, etwa beim Morgengebet oder bei Tisch. Erklären Sie mir doch einmal kurz und präzis, was ›Segen‹ in der Bibel bedeutet!« Meist war das Ergebnis solch einer Befragung nicht sehr ermutigend. Viele Wörter, die Christen häufig gebrauchen, sind ihnen in ihrer genauen biblischen Bedeutung kaum bekannt.

Leider hilft die Verkündigung oft zu wenig, diesem Mangel zu begegnen. Immer wieder werden Bibelbegriffe unerklärt gelassen und auch nicht durch gleichbedeutende allgemein verständliche Begriffe erklärt. Dabei wäre es die Aufgabe des Predigers, der Gemeinde die entsprechenden Wörter biblisch-theologisch zu erschließen und sie umschreibend in aktuelle Sprache zu übersetzen. Er wird dies aber nur leisten können, wenn er selbst entsprechende Wortstudien betrieben hat. Der theologische Tiefgang der Verkündigung entscheidet sich weithin daran, ob der Verkündiger seine Hausaufgaben im Zuge der Wortbedeutungsanalyse gemacht und sich der Herausforderung gestellt hat, den Bedeutungsgehalt der Bibelsprache in die Sprache seiner Hörer zu übertragen.

Biblische Begriffe wollen mit Sorgfalt erklärt sein. Denn dem Verstehen stehen manche Schwierigkeiten entgegen. Erstens können solche Begriffe, die ihrerseits ja immer schon ein bestimmtes Bedeutungsspektrum haben, von den verschiedenen Autoren des Alten und Neuen Testaments und zu verschiedenen Zeiten unterschiedlich gebraucht worden sein. Zweitens haben die verschiedenen Bibelübersetzer die gleichen biblischen Begriffe zum Teil mit unterschiedlichen Wörtern übersetzt. Und drittens stellt uns unser modernes Deutsch vor manche Probleme: Bestimmte Begriffe (wie etwa »Sünde«) kennt es in der Umgangssprache kaum noch, sondern benutzt sie nur noch im religiösen Sprachgebrauch. Oder es gebraucht die gleichen Wörter in anderer Bedeutung als die Bibel (etwa die Begriffe »Gemeinde« = politische Gemeinde; »Fleisch« = ein Nahrungsmittel; »sündigen« = Süßigkeiten naschen).

Wie geht die Wortbedeutungsanalyse (*semantische* Analyse) nun praktisch vor? Zunächst ist festzustellen, welches die zentralen Begriffe sind, die erklärt werden müssen. Greifen Sie hierzu bitte auf Ihre Notizen von Schritt 1 zurück und beschäftigen Sie sich nun intensiv mit den bereits markierten »Stolpersteinen« der Auslegung. Dann gibt es zwei Möglichkeiten: Entweder man erstellt eine selbstständige (induktive) Wortstudie oder schlägt die Bedeutung des Begriffs in entsprechenden Wörterbüchern nach.

Beginnen wir mit der zweiten Möglichkeit, dem Nachschlagen der Begriffsbedeutung. Über die Bedeutung eines Wortes im vorliegenden Vers informieren (hoffentlich!) die Kommentare zur Stelle. Um die Bedeutung eines Begriffs etwas umfassender kennenzulernen, sollte man sich aber angewöhnen, zumindest bei der Begriffsanalyse der zentralen Begriffe biblische Wörterbücher und Begriffslexika mit heranzuziehen. Sie informieren darüber, welches Wortfeld und welche Bedeutungsmöglichkeiten ein biblischer Begriff in den verschiedenen Teilen der Bibel hat. Jeder Ausleger sollte wenigstens ein solches Nachschlagewerk besitzen. Es gehört zum Handwerkszeug des Exegeten. Im Anhang werden einige Wörterbücher und Themenkonkordanzen aufgeführt.

Die andere Möglichkeit, eine Begriffsanalyse durchzuführen, ist das induktive Wortstudium. Hauptarbeitsmittel hierzu ist die Konkordanz bzw. ein Computerprogramm, mit dem sich Begriffsstudien durchführen lassen (z.B. *Quadro-Bibel*; *Accordance*; *Bible Works* uva.). Für den Ausleger, der von der deutschen Bibel ausgeht, ist es wichtig, dass seine Konkordanz mit seiner Übersetzung übereinstimmt. Wer also die Lutherbibel benutzt, braucht eine Konkordanz zum Luthertext, wer mit der revidierten Elberfelder Bibel arbeitet, verwendet entsprechend eine Konkordanz zur Elberfelder Bibel. Der mit dem deutschen Text arbeitende Ausleger kann so den Gebrauch des entsprechenden Wortes in den verschiedenen Teilen der Bibel nachsehen (oft reicht schon die Suchfunktion von digitalen Bibelübersetzungen wie unter www.bibleserver.com aus). Dabei muss sich der auf die deutsche Übersetzung angewiesene Ausleger jedoch bewusst sein, dass er mit Hilfe einer Konkordanz nicht entscheiden kann, ob dem jeweiligen deutschen Begriff im biblischen Grundtext immer die gleichen oder aber ganz verschiedene hebräische, aramäische und griechische Begriffe zugrunde liegen.

Wichtig ist dabei, jeweils im unmittelbaren Zusammenhang einer Fundstelle den jeweiligen Gebrauch des Wortes herauszufinden. Hilfreich kann auch sein, festzustellen, wie häufig ein Begriff in bestimmten biblischen Büchern bzw. bei bestimmten biblischen Autoren vorkommt (was sich aber nur mit einer vollständigen Konkordanz untersuchen lässt).

Für Fachleute, die des Hebräischen und Griechischen kundig sind und eine selbstständige Wortstudie anfertigen möchten, sei hier nur ein ganz kurzer Hinweis gegeben: Zunächst muss man den diachronen Aspekt beachten, das heißt, die Geschichte des betreffenden Wortes von der Wurzelbedeutung bis zu einem gegebenen Zeitpunkt erforschen. Nun entspricht die Bedeutung eines Wortes zu diesem Zeitpunkt weder notwendigerweise der ursprünglichen Bedeutung noch der Summe aller vorangegangenen Bedeutungen. Deshalb kommt es ebenso auf den synchronen Aspekt an. Das heißt: Welche Bedeutung kann der zu untersuchende Begriff in anderen Schriften desselben Autors oder anderer Verfasser im selben Umfeld haben? Wenn diese Fragen geklärt sind, lässt sich ermitteln, welche Bedeutung im konkreten Fall beabsichtigt ist.

Damit bleibt schlicht und einfach festzuhalten: Wörter haben Sinn und erhalten in ihrem Kontext eine ganz spezielle Bedeutung. Der Wortsinn ist in der Regel aus mehreren Bedeutungsaspekten zusammengesetzt, die aber nicht alle in einem konkreten Fall gleichzeitig gültig sind. Von daher gilt auch hier als eiserne Regel zur Aufdeckung einer Wortbedeutung: *»Der Kontext hat das Sagen!«* J. van Bruggen fasst es sehr gut zusammen, wenn er erläutert: »Auf dem Weg über das Erwägen der (Un)möglichkeiten einer Wortbedeutung und der (Un)möglichkeiten des Kontextes wird der Weg zur richtigen Wortbedeutung im Text gefunden.«[29] So ist es für die Auslegung hilfreich, zu entdecken, dass der in Titus 1,6 verwendete Ausdruck, den die Lutherbibel mit »gläubige (gr. *pistos)* Kinder« übersetzt, auch andere Bedeutungen besitzen kann wie »treu« (vgl. 1Kor 4,2: »Übrigens sucht man hier an den Verwaltern, dass einer treu [pistos] erfunden werde«), »vertrauenswürdig« (vgl. 1Kor 7,25b: »der vom Herrn die Barmherzigkeit empfangen hat, vertrauenswürdig [pistos] zu sein«) oder »zuverlässig/gewiss« (vgl. 1Tim 3,1: »Das Wort ist zuverlässig/gewiss [pistos]«). Zu entscheiden ist dann, welche der Übersetzungsmöglichkeiten in Titus 1,6 von Paulus am ehesten beabsichtigt gewesen sein mag.

Für den auf die deutsche Übersetzung angewiesenen Ausleger, der möglichst genau arbeiten will, gibt es übrigens auch Wege, um herauszufinden, welcher Begriff an einer bestimmten Bibelstelle im griechischen, aramäischen oder hebräischen Grundtext gebraucht ist, sodass er dessen präzise Bedeutung nachschauen kann:

- Er nimmt die Elberfelder Studienbibel mit Sprachschlüssel zum AT oder NT zur Hand und sieht darin nach, welches Wort in dem entsprechenden Vers gebraucht ist. Falls der gesuchte Begriff über das Nummern- und Verweissystem erschlossen ist, kann er im Anhang nachschlagen, welches Wort für diesen Übersetzungsbegriff im griechischen, hebräischen oder aramäischen Grundtext steht. Weiß er Letzteres, ist es nicht mehr schwer, in den im Anhang genannten Wörterbüchern die exakte Wortbedeutung nachzulesen, falls ihm die im Sprachschlüssel bereits gebotenen Informationen der Studienbibel nicht ausreichen.
- Falls der gesuchte Begriff nicht in der Elberfelder Studienbibel mit ihrem Sprachschlüssel erschlossen ist, kann der Ausleger in einer

29 J. van Bruggen: *Wie lesen wir die Bibel?*, S. 87.

Interlinearübersetzung (siehe Anhang) den entsprechenden Vers aufschlagen und sich den Begriff und seine deutsche Übersetzung selbst einprägen. Die griechische Grundform lässt sich gut über den *Neuen sprachlichen Schlüssel zum griechischen Neuen Testament*[30] erschließen und dann in einem griechischen Wörterbuch mit der exakten Bedeutung nachlesen.

- Als weitere einfache Möglichkeit schlägt er in einem wissenschaftlichen Kommentar die Erklärung des entsprechenden Verses auf und wird dort (zumeist) Ausführungen zu dem gesuchten Grundtextbegriff finden.
- Noch einfacher geht die Suche durch den Einsatz entsprechender Bibelprogramme, bei denen die originalsprachlichen Begriffe mit Wörterbüchern bzw. linguistischen Datenbanken direkt verknüpft sind (z.B. Accordance; Bible Works; Logos uva).

Wenn es um die Begriffsanalyse geht, sollte der Ausleger weder Fleiß noch Mühe scheuen, den ursprünglichen Sinn eines biblischen Wortes herauszufinden. Solche Arbeit trägt ihre Frucht in einem vertieften theologischen Bibelverständnis. Sie führt zu tiefschürfender Verkündigung, die den Hörer in das Verständnis des Wortes Gottes einführt (vorausgesetzt, es gelingt dann noch, die gefundene Wortbedeutung in verständlicher deutscher Gegenwartssprache zu vermitteln!). Wichtig bleibt zu beachten, dass nicht die Etymologie über die Bedeutung eines Begriffs entscheidet, sondern vielmehr zwischen Ursprung und Bedeutung zu unterscheiden ist. Begriffe erfahren im Laufe der Zeit inhaltliche Veränderungen. Deshalb ist mit einem unterschiedlichen Gebrauch des Begriffes im Rahmen der Bibel zu rechnen. Erst recht dürfen deutsche Ableitungen, also Wurzelbedeutungen des von der Übersetzung gebrauchten Begriffs, nicht in die Bibel hineingetragen werden. Vielmehr stellt sich die dringliche Frage immer wieder: Wie erkenne ich die in einem bestimmten Vers vom Autor beabsichtigte Bedeutung der biblischen Begriffe, wenn sie mehrdeutig sind? Dies führt uns erneut zu unserem exegetischen Grundsatz zurück: »Der Kontext hat das Sagen!« (Schritt 4). Biblische Begriffe kommen

30 W. Haubeck/H. von Siebenthal: *Neuer sprachlicher Schlüssel zum griechischen Neuen Testament: Matthäus – Offenbarung*. 3. Aufl. Gießen: Brunnen, 2015.

immer nur in einem ganz bestimmten Kontext zur Anwendung. Auch wenn fast jedes Wort ein mehr oder weniger breites Bedeutungsspektrum besitzt, so muss unsere Wortstudie auf die Frage abzielen: Was will der Autor hier – in einem ganz bestimmten Kontext – mit diesem Wort vermitteln?

> »Biblische Wörter sind wie Schwämme. Wer einzelnen Begriffen nachgegangen ist, der weiß, an welcher Stelle man den Schwamm ‚drücken' muss, um zu sehen, was in ihm steckt«.[31]

Von daher sind Formulierungen wie »das Wort kann aber auch ... bedeuten« kein Ausdruck besonders großer Gelehrsamkeit oder Ausdruck eines sorgfältigen Studiums, sondern vielmehr genau des Gegenteils. Dem Willen Gottes wird dann entsprochen, wenn wir die Situation würdigen, in die er gesprochen hat, weshalb wir immer der Lösung, die dem Kontext am angemessensten ist, den Vorrang einräumen. Ist ein Begriff durch den Kontext bereits eindeutig definiert, kann im Grunde auf ein Wortstudium sogar ganz verzichtet werden.

AUFGABEN ZUR EINÜBUNG DES ARBEITSSCHRITTS 6.1

Zu Psalm 1,1-6:

Finden Sie heraus, was konkret mit dem Begriff »die Gottlosen« (V. 1 u. öfters) gemeint ist.

Zu Epheser 4,1-6:

Was ist mit dem Begriff »Liebe« (V. 2) im Neuen Testament und hier bei Paulus gemeint?
(Im Grunde müsste hier ein gründliches Wortstudium aller in V. 4-6 gebrauchten Begriffe erfolgen.)

31 U. Wendel: *Dem Wort Gottes auf der Spur*, S. 88.

PRAKTISCHE LEITLINIEN FÜR DEN ARBEITSSCHRITT 6.1:

- Den zu untersuchenden Begriff festlegen. Für eine detaillierte Untersuchung kommen Begriffe infrage, deren Sinn noch unklar ist, von denen das Verständnis des Textes abhängt, die selten sind, die wiederholt im Text vorkommen oder die als Stilfiguren im Text verwendet werden.
- Der Kontext hat das Sagen! Untersuchen Sie den Kontext, in den der Ausdruck eingebettet ist. Welche Funktion erfüllt der Satz, in dem der Ausdruck steht?
- Erfassen Sie das mögliche Bedeutungsspektrum, den der Begriff besitzen kann. Benützen Sie hierzu die einschlägigen Wörterbücher und klären bzw. entdecken Sie, was der Ausdruck alles bedeuten kann.
- Legen Sie fest, welches die für Ihren Text wahrscheinlichste Bedeutung des zu untersuchenden Begriffes ist. Schließen Sie dazu die Bedeutungen aus, die nicht in den Kontext des Textes passen. Arbeiten Sie sich dabei in konzentrischen Kreisen vom Gebrauch in der ganzen Bibel über den Gebrauch im AT/NT an die Verwendung durch den Autor heran. Gehen Sie dann weiter, indem Sie die Verwendung in Ihrem Buch, Abschnitt und schließlich in Ihrem ganz speziellen Vers analysieren.
- Überprüfen Sie Ihr Ergebnis, indem Sie es mit den Ausführungen in theologischen Wörterbüchern vergleichen.

(2) Die Sätze der Texteinheit analysieren

Darüber hinaus ist nun zu untersuchen, in welcher Beziehung die einzelnen Wörter zueinander stehen. Diese Untersuchung kann – wenn dem Ausleger der hebräische oder griechische Grundtext nicht zur Verfügung steht – nur mithilfe einer wortgetreuen Übersetzung vorgenommen werden, die sich um Strukturgenauigkeit in der Wiedergabe bemüht. Nur wenn wir die Sätze sorgfältig auf die Beziehung der einzelnen Wörter im Text hin analysieren, lässt sich die Bedeutung der Worte so wägen, dass wir zur ursprünglichen Bedeutungsabsicht der vom Geist inspirierten biblischen Autoren durchdringen. Aus diesem Grund sind im Rahmen der Suche nach der Bedeutung der biblischen Aussagen die Sätze im Einzelnen zu untersuchen. Die Grammatik liefert die Regeln und eröffnet somit die Möglichkeit, dass aus Wörtern Sätze gebildet werden. Erst im Satz fügen sich die verschiedenen Begriffe mit ihrem umfassenden Bedeutungsspektrum wie in einem Puzzle zu einem harmonischen Ganzen zusammen (*syntaktische* Analyse). Besonderes Gewicht kommt hierbei den verbindenden und einleitenden Wörtern zu, die sorgfältig zu beachten sind, damit der Sinnzusammenhang der Sätze erschlossen werden kann.

Handelt es sich bei der Beziehung der einzelnen Sätze oder Satzteile um einen

- begründenden (weil ..., da ..., zumal ..., in der Überzeugung, dass ...),
- einschränkenden (obwohl ..., obgleich ..., wenngleich ...),
- zeitlichen (nachdem ..., als ..., während ..., bevor ..., dann ...),
- örtlichen (wo ..., woher ..., wohin ...),
- zweckdienlichen (damit ..., um zu ..., in der Erwartung, dass ...),
- schlussfolgernden (sodass ..., und zwar ...),
- beschreibenden (wie ..., indem ..., dadurch dass ..., wobei ...),
- bedingenden (falls ..., wenn ...) oder
- vergleichenden (wie ...)

Zusammenhang?

Die Markierung und Analyse dieser Konjunktionen und Partikel bilden zugleich die Voraussetzung, um die im nächsten Schritt notwendige strukturelle Analyse vornehmen zu können. Hier ist es wichtig, dass der Ausleger den Zusammenhang der einzelnen Textteile der auszulegenden Texteinheit erkennt.

PRAKTISCHE LEITLINIEN FÜR DEN ARBEITSSCHRITT 6.2:

- Was ist das Subjekt (z. B. der Held der Geschichte) und was das Objekt des Satzes?
- Welche Funktion erfüllen die Verben im Satzgefüge und welche grammatische Formen (z. B. Wirklichkeitsform [Indikativ]; Möglichkeitsform [Konjunktiv]; Wunschform [Optativ]; Befehlsform [Imperativ] usw.) liegen ihnen zu Grunde?
- Gibt es auffällige Wortstellungen, die für die Auslegung wichtig sind?
- Benützt der Autor für ihn typische oder eher untypische Begriffe?
- Enthält die Texteinheit Wiederholungen?
- Wie erfolgt die Gliederung? Wird durch einen Wechsel des Themas, der Personen, des Ortes oder der Zeit gegliedert? Oder erfolgt die Gliederung durch sprachliche Stilmittel, wie z. B. die direkte Rede, Wechsel der literarischen Formen usw.?
- Welche Verbindungswörter (Konjunktionen, Partikel) werden gebraucht? Welche logischen Verknüpfungen im Satzgefüge stellen diese Verbindungswörter her?
- Was ist der Kernsatz der Texteinheit? Worauf kommt es an, was steht im Zentrum?
- Form und Inhalt bedingen einander wie die zwei Seiten einer Medaille. Im Zusammenspiel von inhaltlichen und formalen Aspekten kann die Aussageabsicht des Textes eingegrenzt und verdeutlicht werden.

AUFGABEN ZUR EINÜBUNG DES ARBEITSSCHRITTS 6.2

Zu Psalm 1,1-6:

Analysieren Sie die verbindenden und einleitenden Wörter und stellen Sie somit fest, in welchem inhaltlichen Zusammenhang die verschiedenen Satzglieder der Texteinheit stehen. Welche Aussagen werden getätigt, welche Anordnungen getroffen, welche Möglichkeiten erwogen und welche Wünsche geäußert?

Zu Epheser 4,1-6:

Analysieren Sie die verbindenden und einleitenden Wörter und stellen Sie somit fest, in welchem inhaltlichen Zusammenhang die verschiedenen Satzglieder der Texteinheit stehen. Welche Aussagen werden getätigt, welche Anordnungen getroffen, welche Möglichkeiten erwogen und welche Wünsche geäußert?

Den Gedankengang der Texteinheit entfalten

In der Auslegungsarbeit am Bibeltext sind wir nun schon weit vorangekommen. Wir haben uns im Blick auf die Tragfähigkeit der Textbasis vergewissert, haben uns mit dem geschichtlichen Hintergrund sowie dem literarischen Kontext unseres Bibelwortes beschäftigt, haben den Text selbst stilistisch und formal untersucht und die Begriffsbedeutungen erklärt. Im nächsten Schritt ist es nun wichtig, den genauen Zusammenhang aller Gliedaussagen des Textes zu verstehen.

Wie kann nun der auf eine Übersetzung angewiesene Ausleger die strukturelle Gedankenentfaltung eines Bibelabschnittes genau nachvollziehen? Wer als Exeget mit dem hebräischen oder griechischen Grundtext arbeitet, kann unschwer eine grammatisch-syntaktische Analyse des Textes vornehmen, bei der die Bezüge aller Textglieder zueinander deutlich werden. Aber nicht nur der sprachlich geschulte Grammatikkenner, der sich mit der Morphologie (Formenlehre) und Syntax (Satzlehre) der biblischen Sprachen auskennt, kann die Heilige Schrift verstehen und auslegen. Schließlich haben die Übersetzer all ihr sprachliches Können angewandt, um dem heutigen Bibelleser die Heilige Schrift in der Sprache nahezubringen, die er versteht. Und so gibt es auch für den mit einer Bibelübersetzung arbeitenden Ausleger einen Weg, den Gedankengang des Textes zuverlässig und textgemäß zu entfalten, indem er die Struktur der Texteinheit Schritt für Schritt analysiert. Wurde bei der kontextuellen Analyse (Schritt 5) stärker auf die Beziehung der Texteinheit zum Kontext geachtet, so widmet sich die *strukturelle* Analyse dem Aufbau der Texteinheit selbst. Sie versucht, den Zusammenhang zwischen formaler Gestalt und inhaltlichem Gehalt des Textes aufzudecken.

LEITSATZ:
Die strukturelle Analyse analysiert und visualisiert mithilfe eines Textschaubildes Gestalt und Gehalt der Texteinheit.

Wie wir bei Schritt 6 bereits gemerkt haben, erhalten die einzelnen Wörter nur durch die Einbettung in den Satz ihre Bedeutung. Die Satzaussage lässt sich wiederum nur in Verbindung mit dem vorausgehenden und nachfolgenden Satz verstehen, indem sie vom übergeordneten Abschnitt her ihre Bedeutung gewinnt. Um den Gedankengang des biblischen Autors und damit den Willen Gottes erfassen zu können, müssen wir lernen, in den gedanklichen Einheiten des Autors zu denken. Dies geschieht bei Prosatexten in der Regel durch zweierlei: Es wird dem kleinsten zusammengehörenden Absatz die nötige Beachtung gewidmet; und seine Struktur sowie sein Gedankenfluss werden analysiert. Bei poetischen Texten konzentriert sich die Analyse in der Regel auf die einzelne Zeile bzw. Strophe.

(1) Das Textschaubild anfertigen

Aufbauend auf den Ergebnissen von Schritt 6 wird nun zuerst die Struktur der Texteinheit in einem Textschaubild visualisiert. Wer nicht von den biblischen Grundsprachen ausgeht, braucht für das Erstellen eines Textschaubildes eine möglichst wortgetreue (konkordante) Übersetzung, etwa die revidierte Elberfelder Übersetzung. Auf Schritt und Tritt muss er nun entscheiden, wie die Zusammenhänge im Text sind: welche Satzteile übergeordnet und welche untergeordnet sind und worauf sich die einzelnen Gliedaussagen jeweils beziehen. Wir greifen dabei auf die Ergebnisse der Untersuchung der Verbindungswörter und Partikel von Schritt 6 zurück, denn so können die logischen Verknüpfungen erkannt und dargestellt werden. Der Schlüssel zu einem erfolgreichen Vorgehen ist hierbei, dass die verschiedenen Verbindungswörter genauestens beachtet werden und ihre Funktion für die Gedankenentfaltung im Satz analysiert wird. Jetzt werden also die bisher beobachteten Signale der formalen und inhaltlichen

Analyse (betreffs Textgestalt und Textgehalt) zusammengeführt, um die Struktur des Textes aufzudecken. Dazu werden Form (Gestalt) und Inhalt (Gehalt) zueinander in Bezug gesetzt. Die strukturelle Analyse hilft uns, uns auf das Wesentliche der Texteinheit zu konzentrieren und Nebensächlichkeiten und persönliche Interessen und Neigungen nicht in den Mittelpunkt zu rücken.

PRAKTISCHE LEITLINIEN FÜR DEN ARBEITSSCHRITT 7.1:

- Am linken Blattrand bleibt eine Spalte, in der die Versangaben eingetragen werden.
- Die übergeordneten Textaussagen stehen weiter links, untergeordnete Aussagen werden nach rechts eingerückt.
- Durch Klammern unter der Zeile können bestimmte Sinneinheiten innerhalb eines Satzes gekennzeichnet werden. (untergeordnete Gedanken beziehen sich oft nicht nur auf ein einzelnes Wort, sondern auf solch eine Sinneinheit).
- Durch Pfeile und senkrechte Linien wird deutlich gemacht, worauf sich die untergeordneten Gedanken beziehen.
- Durch senkrecht angeordnete Klammern können parallele Aussagen gekennzeichnet werden.
- Gleichgeordnete Aussagen werden nicht eingerückt, sondern untereinander geschrieben. Das Gleiche gilt, wenn ein Satz aus Raumgründen nicht nach rechts hin weitergeschrieben werden kann: Man beginnt dann direkt unter dem Anfang der oberen Zeile eine zweite.

Was in der Theorie zunächst wenig anschaulich und kompliziert klingen mag, erweist sich in der Praxis mit nur wenig Übung als recht einfach – und ist im Ergebnis sehr hilfreich. Vor allem bietet die grafische Darstellung eine gute optische Veranschaulichung der Textstruktur, die es ungemein erleichtert, den Text entsprechend den Gedanken des biblischen Autors zu gliedern.

Zur Veranschaulichung wenden wir uns zunächst Kolosser 1,9-12 zu. Liest man diesen langen paulinischen Satz, geht leicht der Überblick verloren. Wie entfaltet sich der Gedankengang? Wie hängen die einzelnen Gedankenelemente im Text zusammen? Das Textschaubild kann diese Fragen klären helfen:

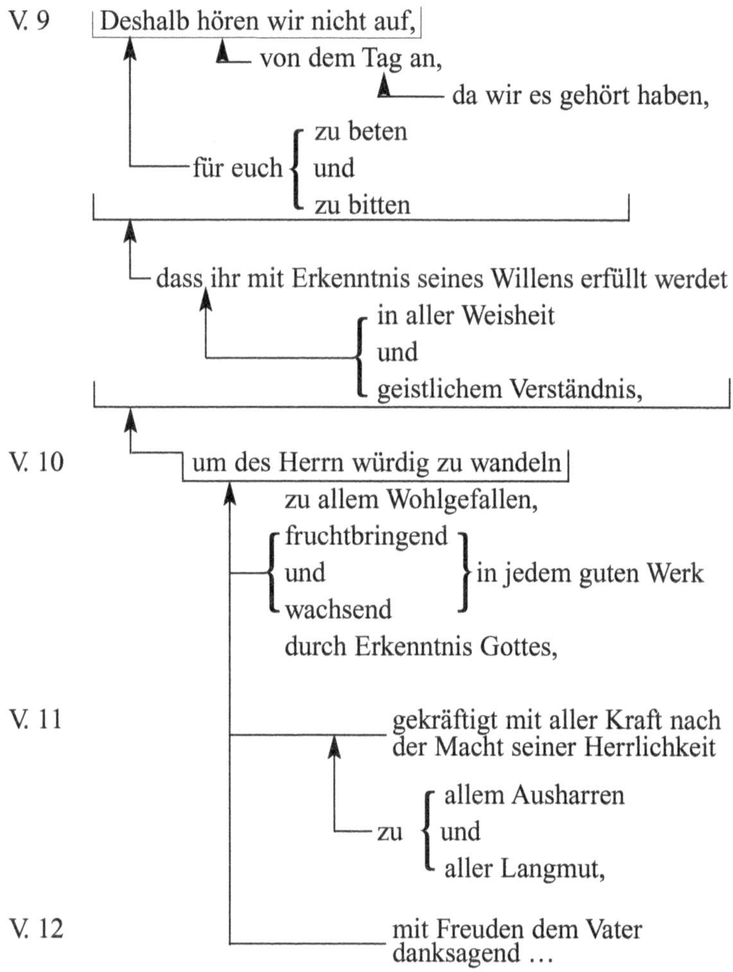

Als zweites Beispiel nehmen wir 1. Thessalonicher 4,3-7:

V. 3 Denn dies ist Gottes Wille,
eure Heiligung,

dass ihr euch enthaltet von der Unzucht,

V. 4 dass jeder von euch wisse sein eigenes
»Gefäß« zu gewinnen

in { Heiligkeit und Ehrbarkeit,

V. 5 nicht in der Leidenschaft der Lust,
wie auch die Heiden tun,

die Gott nicht kennen;

V. 6 dass niemand zu weit geht und
übervorteilt in der Sache seinen Bruder;

denn ein Rächer ist der Herr
bezüglich all dieser Dinge,

wie wir euch auch

zuvor { gesagt und bezeugt } haben.

V. 7 Gott hat uns nämlich nicht berufen zur Unreinheit,

sondern
in Heiligung.

Der Ausleger, der nach all den vorangehenden Einzeluntersuchungen ein Textschaubild erstellt hat, versteht nun die Zusammenhänge in seinem Text sowohl im Ganzen wie im Einzelnen. Zweifellos lässt sich auf dieser Basis eine gründliche Auslegungspredigt, Bibelarbeit oder Andacht leichter erarbeiten, als wenn der Ausleger am Ende seiner exegetischen Arbeit vor einem Berg von Einzelinformationen stehen bleibt. Vermittelt die Geschichts-, Gattungs-, Sach- und Begriffsanalyse dem Ausleger in der Predigt- oder Andachtsvorbereitung theologischen Tiefblick, so gibt ihm die Strukturanalyse geordneten Durchblick für die Textzusammenhänge. Ohne diesen Durchblick steht der Kommunikator der biblischen Botschaft in der Gefahr, in Einzelbeobachtungen stecken zu bleiben, anstatt der Hörerschaft den Text in seiner Entfaltung zu erschließen. Aus diesem Grund ist es nun auch wichtig, die visualisierte Textstruktur in eine sprechende Form zu überführen, die begründet über den Gedankenfluss der Texteinheit Auskunft gibt.

(2) Die Struktur der Texteinheit entfalten

Betrachtet man das Textschaubild zu Kolosser 1,9-12, so wird sofort die dreigliedrige Struktur der Texteinheit sichtbar:

KERNAUSSAGE (V. 9a): Paulus übt Fürbitte.

UNMITTELBARES ZIEL (V. 9b):
Erkenntnis des Willens Gottes.

ENDZIEL (V. 10-12):
Würdiger Wandel, der drei
Kennzeichen hat:

- Fruchtbarkeit in jedem guten Werk (V. 10);
- Standhaftigkeit in der Kraft Gottes (V. 11);
- Dankbarkeit gegenüber dem himmlischen Vater (V. 12).

Daraus lässt sich nun folgender Textaufbau ableiten, der den

Gedankenfluss der Texteinheit widerspiegelt und den roten Faden im Text zu berücksichtigen hilft:

1.	Zusage der Fürbitte	(V. 9a)
2.	Zweck der Fürbitte	(V. 9b)
3.	Ziel der Fürbitte	(V. 10-12)

Betrachtet man das Textschaubild zu 1. Thessalonicher 4,3-7, ergibt sich aus dem Textschaubild folgender Gedankenfluss der Texteinheit:

Die KERNAUSSAGE (V. 3a), dass Gott unsere Heiligung will, erfährt eine DREIFACHE KONKRETISIERUNG (V. 3b-6a), und zwar im Blick auf die Unzucht (V. 3b), den Umgang mit der eigenen Frau (V. 4f) und den Ehebruch (V. 6a). Zu entscheiden war, ob Vers 6b (»denn ein Rächer ist der Herr bezüglich all dieser Dinge [Plural]«) nur auf Vers 6a bezogen ist oder auf die drei vorangehenden Glieder zusammen (V. 3b-6a). Wir nehmen Letzteres an. Vers 7 verstehen wir als eine abschließende und damit den ganzen Abschnitt umschließende BEGRÜNDUNG DER KERNAUSSAGE.

Daraus lässt sich nun folgender Textaufbau ableiten, der den Gedankenfluss der Texteinheit widerspiegelt und den roten Faden im Text zu berücksichtigen hilft:

1.	Aufforderung zur Heiligung	(V. 3a)
2.	Konkretisierung der Heiligung	(V. 3b-6a)
3.	Begründung der Heiligung	(V. 6b)
4.	Fazit	(V. 7)

Durch die Entfaltung der Textstruktur hat der Ausleger den Hauptgedanken des Textes und die Entfaltung des Gedankenflusses der Texteinheit nun zu Tage gefördert. Mit diesem Wissen können jetzt die noch offenen inhaltlichen theologischen Sachfragen gelöst werden (Schritt 8), ohne dass man sich in Nebensächlichkeiten verliert.

AUFGABEN ZUR EINÜBUNG DES ARBEITSSCHRITTS 7

Zu Psalm 1,1-6:

Erstellen Sie ein Textschaubild von Psalm 1. Beachten Sie besonders, wie weit der 1. Sinnabschnitt geht, wo der 2. Sinnabschnitt beginnt und wie Vers 6 einzuordnen ist.

Leiten Sie aus dem Textschaubild die Struktur des Gedankenflusses der Texteinheit ab.

Zu Epheser 4,1-6:

Erstellen Sie ein Textschaubild von Epheser 4,1-6. Beachten Sie besonders, wie Vers 4-6 strukturell einzuordnen sind. Woran knüpft die Aufzählung dieser Verse inhaltlich an?

Leiten Sie aus dem Textschaubild die Struktur des Gedankenflusses der Texteinheit ab.

Lehrfragen der Texteinheit beantworten

In unserem Einblick in den Schatzplan Gottes haben wir uns bei der Analyse der auszulegenden Texteinheit bisher auf die literarischen (Schritte 2 und 4-7) und die historischen (Schritt 3) Fragestellungen konzentriert. Damit haben wir uns die nötigen Grundlagen erarbeitet und können somit auf die Zielgerade unserer Untersuchungen einbiegen. Da wir uns jedoch im Rahmen der Auslegung einer biblischen Texteinheit nicht nur mit einem literarischen und historischen Dokument beschäftigen, sondern mit dem schriftgewordenen Wort Gottes, müssen wir abschließend und zusammenfassend den theologischen Ertrag unserer auszulegenden Texteinheit erheben (= *biblisch-theologische* Analyse). Dieser Ertrag ist jedoch in den literarischen und historischen Kontext der Texteinheit eingebettet und deshalb nur unter Berücksichtigung dieser Zusammenhänge zu Tage zu fördern.

Die Voraussetzungen für solch eine biblisch-theologische Zusammenhangsanalyse der auszulegenden Texteinheit kann man nicht kurzfristig in der Vorbereitung für eine Andacht, Bibelarbeit oder Predigt schaffen. Im Lauf der Jahre muss das Verständnis für den gesamtbiblischen Zusammenhang durch die Beschäftigung mit der Heiligen Schrift wachsen. Je eingehender die Gesamtschau des Auslegers für die biblische Offenbarung ist, desto leichter wird es ihm allerdings fallen, die konkret auszulegende Texteinheit und ihre von Gott beabsichtigte Aussage im gesamten biblisch-theologischen Zusammenhang einzuordnen.

LEITSATZ:

Die biblisch-theologische Analyse untersucht
den Lehrgehalt der auszulegenden Texteinheit,
das schriftgewordene Wort des lebendigen Gottes.

Nachdem nun im Zusammenhang mit der literarischen und historischen Betrachtung der Texteinheit schon viele Frage- und Problemstellungen gelöst werden konnten, gilt es, die restlichen Stolpersteine wegzuräumen, um den Weg zum Ziel frei zu machen. Damit die noch ungelösten theologischen Fragen beantwortet werden können, gehen wir in zwei Schritten vor:

- Zuerst untersuchen wir die jeweilige Frage im gesamtbiblisch-theologischen Zusammenhang (1) und
- betrachten die Frage dann in ihrer systematisch-theologischen Einordnung (2).

(1) Die gesamtbiblisch-theologische Betrachtung

Wann immer wir irgendwelche Stolpersteine der Texteinheit wegräumen wollen, liegt es nahe, für die Problemlösung zuerst auf die Bibel selbst zurückzugreifen. Wir folgen damit dem reformatorischen Grundsatz, dass die Heilige Schrift aufgrund ihrer von Gott gestifteten Einheit ihr eigener Ausleger ist. Die Schrift ist durch die Schrift auszulegen. Deshalb spüren wir zunächst folgenden Fragen nach:

- Was sagt der biblische Verfasser zu unserer theologischen Fragestellung im unmittelbaren Kontext der auszulegenden Texteinheit?
- Was sagt der biblische Verfasser im Kontext des Buches, in dem die auszulegende Texteinheit steht?
- Was sagt der biblische Verfasser in anderen von ihm unter der Leitung des Heiligen Geistes verfassten Büchern der Bibel zu dieser speziellen theologischen Fragestellung?
- Was sagen die anderen vom Heiligen Geist inspirierten Autoren zu der theologischen Fragestellung im größeren Zusammenhang des entsprechenden Bibelteils (AT bzw. NT)?
- Wie lautet das Urteil Gottes in der gesamten Schrift zu der theologischen Fragestellung?

Im Vertrauen auf die Wahrheit des Wortes Gottes und im Gebet um die rechte Schrifterkenntnis beginnen wir, die theologischen Probleme zu lösen. Zeigen sich beispielsweise Unterschiede zwischen ähnlichen biblischen Texten, ist zunächst zu fragen, ob tatsächlich zur gleichen Sache gesprochen wird. So sah Luther etwa einen gewichtigen Widerspruch zwischen Jakobus 2,24 und Römer 3,28 in der Frage, wie sich die Werke zur Glaubensrechtfertigung verhalten. Die genaue Beachtung des Kontextes zeigt uns heute, dass Paulus und Jakobus sich keineswegs widersprechen, sondern ergänzen. Paulus stellt fest, dass man nicht durch Werke, sondern durch den Glauben gerechtfertigt wird. Jakobus macht deutlich, dass echter rechtfertigender Glaube nicht ohne Frucht bleibt und der wahrhaft Glaubende an seinen Früchten erkannt werden kann. So führen die Aussagen des einen (Paulus) zum Kreuz hin, während die Aussagen des anderen (Jakobus) vom Kreuz herkommen.

Außerdem kommt es immer wieder vor, dass sich Probleme aus einer fehlerhaften Textüberlieferung ergeben. Dieses Problem wurde in Schritt 2 (»Die Textbasis feststellen«) bereits ausführlich besprochen.

Manchmal ergeben sich auch Spannungen zwischen der Bibel und der Wissenschaft. Die Ursache dafür kann zum einen eine falsche Deutung der Bibel sein. Zum anderen ist aber auch zu fragen, ob so manche »Ergebnisse der Wissenschaft«, die im Widerspruch zur Bibel stehen, immer schon die richtige und letzte Erkenntnis sein müssen. Oft sind es Theorien, zum Teil weltanschaulich bedingte Hypothesen, die keineswegs das letzte Wort haben müssen. Die Bibel hat schon manche ihr widersprechenden geschichtlichen, archäologischen oder naturwissenschaftlichen Ansichten überdauert und sich in dem, was sie tatsächlich sagt, als zuverlässig erwiesen. Noch zu Beginn des letzten Jahrhunderts war man in der alttestamentlichen Wissenschaft teilweise der Auffassung, die fünf Bücher Mose könnten nicht auf Mose zurückgehen, weil man zu jener Zeit noch gar nicht habe schreiben können. Inzwischen weiß man, dass im alten Orient schon Jahrtausende früher geschrieben wurde. Während Rudolf Bultmann noch in den 1940er-Jahren meinte, unter Berufung auf die Naturwissenschaft, Wunder als unmöglich erklären zu sollen, hätte die Kenntnis der neueren Physik seiner Tage ihm schon zeigen können, dass die Kompetenz der Naturwissenschaft mit solch einer Behauptung weit überschritten ist.

Wo Spannungen auftauchen, sollte exegetisch und denkerisch eine gute, den Fakten gerecht werdende Lösung gesucht werden. Eine gewaltsame Harmonisierung wäre allerdings genauso problematisch wie der Versuch eines sich über Gottes Wort setzenden Denkens, das meint, die Bibel der Fehlerhaftigkeit bezichtigen zu können. Es kann daher geschehen, dass man ein Problem, für das sich keine Lösung zeigt, einfach einmal offen lassen muss. Vielleicht haben andere längst die Lösung! Und auf jeden Fall weiß Gott die Antwort. Ähnlich kann es gehen, wenn schwierige theologische Probleme auftauchen. Da liest der Ausleger Römer 9,10-18 mit seinen schwierigen Prädestinationsaussagen. Jahrhundertelang hat die Kirche Christi mit diesem bedeutsamen Lehrpunkt gerungen. Und es gibt durchaus Antworten. Es kann aber geschehen, dass der Ausleger im ersten Anlauf zu keiner Lösung kommt. Gewiss, über Stellen dieser Art sollte man nicht leicht hinweggehen, sondern Schrift mit Schrift vergleichen und in Kommentaren und Sachbüchern nachsehen, welche Erkenntnis andere gewonnen haben. Doch kann es sein, dass man selbst zu keinem Ergebnis kommt. Auf jeden Fall ist zu überlegen, ob man dann, wenn die biblisch-theologische Analyse nicht zu einer Lösung führt, vorläufig noch darauf verzichtet, über den entsprechenden Text eine Andacht, Bibelarbeit oder Predigt zu halten.

(2) Die systematisch-theologische Betrachtung

Der Versuch, eine Bibelaussage in ihren gesamtbiblisch-theologischen Zusammenhang zu stellen, führt häufig auch in systematisch-theologische Gedankengänge. Die Systematische Theologie hat die Aufgabe, die biblische Lehre geordnet zu bedenken.

Gerade bei schwierigen Lehraussagen kann es hilfreich sein, in einem Buch über Dogmatik (Glaubenslehre), Ethik (Glaubenspraxis) oder Dogmengeschichte nachzuschlagen, und so zu sehen, was andere bereits dazu gedacht haben. Eine gute Fundierung in biblischer Dogmatik und Ethik gibt der Exegese Sicherheit und der Verkündigung den weiten biblischen Horizont, den sie benötigt.

Auch hilft oft die Kenntnisnahme theologischer Denkwege (und Irrwege), den Blick umso mehr zu schärfen für den vorliegenden Text. Was steht da? Was ist im biblischen Zusammenhang hier gemeint?

Um an dieser Stelle bereits den Blick zum Ausblick hin offen zu halten, hören wir auf Martyn Lloyd-Jones, dem es lebenslang um systematisch-theologisch fundierte textauslegende Verkündigung ging:

> Ich würde es so formulieren, dass der Prediger die biblische Botschaft, die natürlich eine Einheit ist, gut begreifen muss, ja, dass er sie sehr gut begreifen muss. Anders gesagt, sollte der Prediger in biblischer Theologie sehr versiert sein, die dann wiederum zu einer systematischen Theologie weiterführt. Für mich ist bei einem Prediger nichts wichtiger, als dass er eine systematische Theologie haben sollte, dass er sie kennen und darin wohl gegründet sein sollte. Diese systematische Theologie, diese Gesamtheit der Wahrheit, sollte in seiner Verkündigung immer als Hintergrund und als kontrollierender Einfluss gegenwärtig sein. Jede Botschaft, die sich aus einem bestimmten Text oder einem bestimmten Abschnitt ergibt, muss immer ein Teil oder ein Aspekt der Wahrheit sein.[32]

Lloyd-Jones sieht aber auch die Gefahr dieser Betonung und wendet sich im gleichen Vortrag sogleich gegen den möglichen Missbrauch:

> Manche Männer, die eine systematische Theologie haben, an der sie sehr rigoros festhalten, sind geneigt, diese fälschlicherweise bestimmten Texten aufzustülpen und so diesen Texten Gewalt anzutun. [...] Die Lehre mag wahr sein, aber sie ergibt sich nicht aus jenem speziellen Text, und wir müssen immer textbezogen arbeiten.

Stellen Sie sich also die Frage: Welche zentrale systematisch-theologische Themen- bzw. Fragestellung steckt in der auszulegenden Texteinheit und muss im Rahmen einer schrift- und textgemäßen Auslegung beantwortet werden? Als Hilfestellung, um die systematisch-theologischen Zusammenhänge nachvollziehen zu können, vermitteln die im Anhang angegebenen Literaturhinweise nützliche Erkenntnisse.

---

32 M. Lloyd-Jones: *Die Predigt und der Prediger: Vortragsreihe über Predigtvorbereitung*, S. 71. Friedberg: 3L, 2005.

Dass solche gesamtbiblischen und systematisch-theologischen Perspektiven nicht in einer einzigen Vorbereitung für eine Andacht, Bibelarbeit oder Predigt erarbeitet werden können, sondern in langjähriger Beschäftigung mit der Heiligen Schrift gewonnen sein wollen, ist klar. Wo immer in einer Texteinheit theologische Sachfragen auftauchen, die einer Klärung bedürfen, ist der Ausleger zu sorgfältiger Arbeit aufgerufen. Dann liegt das Bibelwort in seinem Umfeld, seinen Einzelheiten und seiner Gedankenentfaltung wie ein offenes Buch vor uns. Beherzigen Sie aus diesem Grund den Rat von Klaus Haacker, der eindrücklich darauf hinweist, dass sich hier die zentrale Aufgabe ergibt,

> die wachsende Kenntnis der Bibel und ihrer Erforschung kontinuierlich zu reflektieren und auf eine Integration der Einzelerkenntnisse zu einem Gesamtbild hinzuarbeiten. Die wichtigsten Einsichten auf diesem Gebiet sind die, die in keinem Lexikon nachzuschlagen sind, die uns vielmehr aufleuchten, wenn eine gewisse »kritische Masse« von Einzelwissen unter der Frage nach der Sache der Bibel immer wieder sortiert und meditiert wird. Dies ist eine Denkarbeit, in der ein Theologe nie aufhören darf, unterwegs und auf Entdeckung aus zu sein.[33]

PRAKTISCHE LEITLINIEN FÜR DEN ARBEITSSCHRITT 8:

- Grenzen Sie die theologischen Fragestellungen, die im Rahmen der Auslegung noch zu lösen sind, ein und formulieren Sie die Problematik in einer prägnanten und präzisen Frage.
- Welche Erkenntnisse zur Problemlösung trägt die gesamtbiblisch-theologische Betrachtung bei?
- Welche Erkenntnisse zur Problemlösung trägt die systematisch-theologische Betrachtung bei?
- Welche theologischen Aussagen über Lehre und Leben enthält die Texteinheit? (Hier geht es noch nicht um die Anwendung für das eigene Leben, die erst in Schritt 10 erfolgt.)

---

33 K. Haacker: *Neutestamentliche Wissenschaft: Eine Einführung in Fragestellungen und Methoden*, S. 97. 2. verbesserte und erweiterte Aufl. Wuppertal: R. Brockhaus, 1985.

AUFGABEN ZUR EINÜBUNG DES ARBEITSSCHRITTS 8

Zu Psalm 1,1-6:

Welche theologischen Aussagen zur biblischen Lehre enthält die Texteinheit?

Welche Aussagen zum schriftgemäßen Leben enthält die Texteinheit?

Zu Epheser 4,1-6:

Welche theologischen Aussagen zur biblischen Lehre enthält die Texteinheit?

Welche Aussagen zum schriftgemäßen Leben enthält die Texteinheit?

Der Ausblick:

Sagen, wo es hingeht. Den »Schatz« heben – »Stolpersteine« werden zu Bausteinen

»Nachdem ja bekanntlich viele es unternommen haben, eine Erzählung von den unter uns zum Abschluss gekommenen Ereignissen zu verfassen, so wie uns die übermittelt haben, die von Anfang an Augenzeugen und Diener des Wortes waren, erschien es auch mir gut, nachdem ich alles bis auf die ersten Anfänge nachgeforscht hatte, *es wirklichkeitsgetreu und in chronologischer Folge für dich aufzuschreiben,* verehrter Theophilus, *damit du die Stichhaltigkeit der Lehrsätze,über die du informiert worden bist, erkennst.«*

Lukas 1,1-4

In der ersten Phase des Auslegungsprozesses haben wir uns einen groben Überblick verschafft und in der zweiten Phase vertiefte Einblicke zum besseren Verständnis der Textintention gewonnen. In der dritten Phase geht es nun darum, in einem Ausblick die Ergebnisse auf den Punkt zu bringen und die Grundlagen für eine sachgerechte Anwendung zu legen. Hier beschreiben wir den konkreten und praktischen Nutzen unserer Untersuchung und präsentieren unsere Ergebnisse zum Nutzen und Gebrauch für andere. Haben wir zuerst einfach nur gelesen, was da steht, und uns so mit dem »Schatzplan« der Texteinheit vertraut gemacht (Schritt 1), haben wir anschließend entdeckt, worum es eigentlich geht, indem wir die »Schatzsuche« in unserer Texteinheit vorangetrieben haben (Schritte 2-8). Nun wollen wir die »Schätze« aber auch heben, die wir entdeckt haben. Aus diesem Grund werden wir nun die Stolpersteine der Auslegung, die wir bisher markiert und weggeräumt haben, als Bausteine integrieren. So können wir – bildhaft gesprochen – den Schatz nicht nur heben, sondern auch sichern (Schritt 9) und seinen aktuellen und gegenwärtigen Wert erfassen (Schritt 10).

LEITSATZ:

Die Formulierung des Textthemas und der Textgliederung bringt die Textaussage der auszulegenden Texteinheit auf den Punkt und bietet einen präzisen Überblick über ihre gedankliche Entfaltung.

SCHRITT 9

Die Aussage der Texteinheit präzise zusammenfassen

Die eigentliche exegetische Arbeit ist nun abgeschlossen. Worauf der Ausleger jetzt zu achten hat, ist, dass er nicht in den Einzelheiten und der Fülle seiner Ergebnisse ertrinkt. Er muss um seiner künftigen Hörer willen Klarheit und Durchblick bewahren. Von daher sollten in einer einfachen Synthese die analytischen Einzelarbeiten der Schritte 2-8 zu einem Ziel zusammengeführt und gebündelt werden. Im Prinzip wird damit nur die Arbeit zu Ende geführt, die wir im Schritt 1 begonnen haben. Hier geht es vor allem darum, dass wir unsere Vermutung über den Hauptgedanken und den Verlauf des roten Fadens im Text nun in konzentrierter, exegetisch begründeter und somit nachvollziehbarer Form in ein endgültiges Ergebnis umformulieren. Vom Grundsatz her ist dieser Arbeitsschritt nicht mehr produktiv, sondern reproduktiv, denn wir fassen nur noch das bereits Erarbeitete in eine übersichtlichere Form zusammen. Wir schaffen damit zugleich die Voraussetzung, um die Aussage des Textes – etwa in Form einer Andacht oder Predigt – einfach und prägnant kommunizieren zu können.[34]

34 Von daher ist unser Arbeitsschritt 9 auch weitgehend identisch mit dem Abschnitt 2.3.2 in H. Stadelmann: *Kommunikativ predigen*, S. 128-135. Witten: SCM R.Brockhaus, 2013. Dort wird dann auch gezeigt, wie es Richtung Predigt weitergeht.

Von daher empfiehlt sich eine kurze Synthese, die aus zweierlei besteht:

- dem Formulieren des Textthemas (1) und
- dem Formulieren der Textgliederung (2).

(1) Das Textthema formulieren

Was würden Sie antworten, wenn jemand Sie am Ende Ihrer exegetischen Arbeit bitten würde: »Fassen Sie doch einmal die Aussage Ihres Textes in einem Satz zusammen!«? Wir könnten uns vorstellen, dass man zunächst versucht wäre, in einer längeren Wiederholung den Text nachzuerzählen. Über- und untergeordnete Gedanken stünden dabei einfach nebeneinander. Es fehlten die Präzision und die bündige Kürze. Zu sehr wäre man noch in den Einzelheiten befangen. Man ist noch nicht zu der Klarheit durchgedrungen, die es erlaubte, die Textaussage in einem Satz zu definieren. Hätte man das Textthema formuliert, fiele dies dagegen leicht.

Natürlich gibt es auch eine gegenläufige Argumentation. So ist etwa Horst Hirschler der Überzeugung, »dass die Versammlung eines Textes unter einen Skopus nicht sonderlich sinnvoll ist. Meist ist der Text viel komplexer [...]«.[35] Um der inhaltlichen Vielfalt biblischer Texte gerecht zu werden, schlägt er stattdessen vor, als Ergebnis der Exegese die Textaussage in eine Textparaphrase zu fassen. Gewiss kann ein sachgemäß interpretierendes Wiedergeben des Textes in eigenen Worten für die Klarheit der Gedanken hilfreich sein. Und doch muss unserer Einsicht nach bereits solch eine Paraphrase von der Frage geleitet sein, welche zentrale Sache der Autor in den Einzelzügen seines Textes zum Ausdruck bringen möchte. Damit aber wird auch die Textparaphrase vom Thema des Textes her bestimmt und ist auf dieses hin zu formulieren. Gerade dies aber möchte Hirschler nicht. In seiner Konzeption von Exegese und Text-

35 H. Hirschler: *biblisch predigen*, S. 219. 2. Aufl., Hannover: Lutherisches Verlagshaus, 1988.

paraphrase findet sich von Anfang an ein stark subjektives Element. Für ihn ist das Leitmotiv für das Verstehen eines Textes nicht das Erkennen der vom Autor beabsichtigten Textbedeutung, sondern das Verschmelzen der Erfahrungshorizonte von Text und Exeget. Und so kann es für ihn auch keine normative Textabsicht geben, die in einem Textthema oder Skopus zu formulieren wäre. Die »erfahrungsbezogene Textparaphrase« bringt vielmehr von Exeget zu Exeget unterschiedliche subjektive Betonungen und Sinndeutungen mit sich. In ihr können auch ganz verschiedene Gedanken, die dem Exegeten am Text wichtig geworden sind, nebeneinander zu stehen kommen. Und homiletisch (also auf die Verkündigungsaufgabe hin) gesehen ist dann die Gefahr – trotz Hirschlers Programm, *»biblisch predigen«* zu wollen –, dass die Verkündigung a) vom Text nur allerlei Denkanstöße und Erfahrungen bezieht, b) sich über diese dann auch in subjektiver Auswahl und Betonung ausspricht, c) aber nicht wirklich die zentrale Aussageabsicht des Textes am Text entlanggehend verkündet.

Nach unserem schrift- und textgemäßen Ansatz wird dagegen das vom biblischen Autor intendierte Textthema so präsentiert, dass die Aussage des Textes in einem knappen, präzisen und grammatisch vollständigen Satz gebündelt wird und wir somit jederzeit Rechenschaft darüber ablegen können, worin die von Gott ursprünglich intendierte Absicht der Texteinheit besteht:

- Die Aussage des Textes wird in einem *knappen* Satz formuliert. Das heißt, beim Textthema geht es nicht um eine lange Zusammenfassung aller Einzelheiten, sondern um eine kurze, kondensierte Wiedergabe des zentralen Textgehalts.
- Die Aussage des Textes wird in einem *präzisen* Satz formuliert. Das heißt, das Textthema versucht so genau wie möglich zu definieren, wie das im gesamten Text entfaltete Thema lautet.
- Das Textthema wird in einem *grammatisch vollständigen* Satz formuliert. Das heißt, dass Stichworte und Schlagzeilen zur Formulierung des Themas nicht ausreichen, weil sie einfach zu vieldeutig und ungenau sind. In einem vollständigen Satz mit Subjekt und

Prädikat legt man sich sinngemäß fest. Und diese Genauigkeit und Eindeutigkeit sind für das Textthema unverzichtbar.

Bei der Formulierung des Textthemas gehen wir in drei Schritten vor. Wir definieren zuerst den eigentlichen *Textgegenstand,* dann die *Textaussage* und formulieren aus beiden dann abschließend und zusammenfassend das *Textthema:*

- Zunächst fragen wir: »Worum geht es in diesem Text zentral?« bzw.: »Welchen Gegenstand behandelt der Autor in diesen Versen?« Diese Fragen erschließen uns nach der in Schritt 1 geleisteten Vorarbeit den *Textgegenstand.* Die Antwort darf weder so allgemein sein, dass sie auch noch für den vorangehenden und den folgenden Abschnitt passt, noch darf sie so eng geraten, dass sie nicht mehr alle Aussagen in dem betreffenden Abschnitt abdeckt.Nehmen wir als Beispieltext Jakobus 1,5-8:

> Wenn aber jemandem von euch Weisheit mangelt, so bitte er Gott, der allen willig gibt und nichts vorwirft, und sie wird ihm gegeben werden. Er bitte aber im Glauben, ohne zu zweifeln; denn der Zweifler gleicht einer Meereswoge, die vom Wind bewegt und hin und her getrieben wird. Denn jener Mensch denke nicht, dass er etwas von dem Herrn empfangen werde, ist er doch ein wankelmütiger Mann, unbeständig in allen seinen Wegen.

In dem Versuch, den Textgegenstand dieses Abschnittes zu definieren, stellt H. W. Robinson[36] zunächst fest, dass es hier um Weisheit geht. Doch diese Erkenntnis ist noch zu ungenau. »Wie man Weisheit erlangt«, ist schon eine genauere Umschreibung des Textgegenstands. Ein Blick auf den Kontext (V. 2-4), macht deutlich, dass es um Anweisungen für Zeiten der Prüfung geht. Von daher ergibt sich als *Textgegenstand,* der allen Textteilen gerecht wird, dass es in Jakobus 1,5-8 zentral um den Gegenstand geht: »Weisheit erlangen inmitten von Prüfungen.«

---

36 H. W. Robinson: *Predige das Wort: Vom Bibeltext zur lebendigen Predigt,* S. 51. Überarbeitete Neuauflage. Dillenburg: CV, 2013.

- Nun fragen wir weiter: »Was wird im Text über den zentralen Gegenstand ausgesagt?« Diese Frage erschließt uns die *Textaussage*. Für die Beantwortung ist es eine Hilfe, die Struktur des Textes, wie er in Schritt 7 erarbeitet wurde, klar vor Augen zu haben. So wird deutlich, welche Hauptaussagen zu dem zentralen Textgegenstand gemacht werden. In Jakobus 1,5-8 sieht Robinson[37] nur eine solche Textaussage. Auf die Leitfrage: »Wie erlangt man Weisheit inmitten von Prüfungen?«, findet er im Text nur die eine Antwort: »Wir sollen Gott im Glauben und ohne zu zweifeln um diese Weisheit bitten.« Das ist die Textaussage.
- Aus beiden Teilantworten (zu Textgegenstand und Textaussage) lässt sich nun unschwer das *Textthema* formulieren. Zu Jakobus 1,5-8 könnte es heißen: »*Weisheit in Prüfungen gewinnt man,* wenn man Gott im Glauben und ohne Zweifel darum bittet.«[38] Darum geht es also insgesamt in Jakobus 1,5-8.

Wir führen zwei weitere Beispiele an, die zeigen, wie man ein Textthema formuliert. Dabei greifen wir auf die Texte Kolosser 1,9-12 und 1. Thessalonicher 4,3-7 zurück, die uns bereits in Schritt 7 als Grundlage für unsere Textschaubilder gedient haben.

In Kolosser 1,9-12 geht es zentral um die Fürbitte des Apostels für ein geistgewirktes Erkenntniswachstum seiner Hörer. Diese Erkenntnis soll zu einem fruchtbaren, standhaften und dankbaren Lebenswandel befähigen. Als Textthema ergibt sich daher für Kolosser 1,9-12: »*Die apostolische Fürbitte für ein geistgewirktes Erkenntniswachstum* zielt auf einen fruchtbaren, standhaften und dankbaren Lebenswandel.«.

In 1. Thessalonicher 4,3-7 geht es zentral um die berufungsgemäße Heiligung des Christen im Intimleben. Diese zeigt sich in keuschem Verhalten in und außerhalb der Ehe. Als Textthema ergibt sich daher für 1. Thessalonicher 4,3-7: »*Die berufungsgemäße Heiligung des Christen* zeigt sich in keuschem Verhalten in und außerhalb der Ehe.«

---

37 Robinson: *Predige das Wort*, S. 52.

38 Wir haben hier – was sich generell zu Übungszwecken empfiehlt – den Textgegenstand kursiv gedruckt.

Ist man in der Lage, den exegetischen Gehalt eines Textes in solch einem knappen, präzisen und vollständigen Satz wiederzugeben, ist die Grundlage dafür gelegt, dass man in der Predigt oder anderen Formen biblischer Verkündigung nicht am eigentlichen Anliegen des Textes vorbeispricht.

PRAKTISCHE LEITLINIEN FÜR DEN ARBEITSSCHRITT 9.1:

- **Definieren Sie zuerst den eigentlichen Textgegenstand!** (= Worum geht es in diesem Text zentral?)
- **Definieren Sie als Nächstes die eigentliche Textaussage!** (= Was wird in der Texteinheit über diesen zentralen Gegenstand ausgesagt?)
- **Verbinden Sie die Aussagen über den Textgegenstand und die Textaussage zu einem knappen, präzisen und grammatisch vollständigen Satz!**
- **Beachten Sie:** Die Formulierung des Textthemas beschreibt nur den Inhalt der Texteinheit und enthält noch keinerlei Andeutungen für eine mögliche Übertragung in die Gegenwart!

AUFGABEN ZUR EINÜBUNG DES ARBEITSSCHRITTS 9.1

Zu Psalm 1,1-6:

Formulieren Sie das Textthema zu Psalm 1:

a) Worum geht es zentral in diesem Psalm? (Was wird hier durchgängig behandelt?)

b) Was wird in diesem Psalm über den zentralen Gegenstand ausgesagt?

Zu Epheser 4,1-6:

Formulieren Sie das Textthema zu Epheser 4,1-6:

a) Worum geht es zentral in diesem Abschnitt? (Welcher Gegenstand wird hier durchgängig behandelt?)

b) Was wird in diesem Abschnitt über den zentralen Gegenstand ausgesagt?

(2) Die Textgliederung erstellen

Eine Textgliederung erleichtert den Überblick über die Gedankenentfaltung und den Aufbau der Texteinheit sehr. Sie beschreibt im Prinzip in logisch strukturierter Form den Inhalt und Aufbau der Texteinheit. Sie enthält noch keinerlei Informationen zu einer möglichen Anwendung. Sie umfasst den ganzen Text, indem sie über- und untergeordnete Sinneinheiten des Textes in knappen Aussagen zusammenfasst und in natürlicher Abfolge übersichtlich strukturiert wiedergibt. Im Prinzip handelt es sich bei der Textgliederung nur um die systematische Umstrukturierung von Schritt 7 (strukturelle Analyse) in eine aussagekräftigere Form. Hierzu haben sich zwei Gliederungssysteme bewährt, die uns zur Auswahl stehen:

- Das *alpha-numerische System*. Dabei kann die Über- und Unterordnung von Gedanken im Text durch römische und arabische Ziffern sowie Groß- und Kleinbuchstaben im Wechsel von Zahl – Buchstabe – Zahl – Buchstabe usw. ausgedrückt werden. Beispiel:

  I. (Übergeordneter Punkt)
  A. (Untergeordneter Punkt)
  B. (Untergeordneter Punkt)
  1. (Weitere Untergliederungspunkte)
  2. (Weitere Untergliederungspunkte)
  a) …
  b) usw.

- Das *Dezimal-Gliederungssystem*. Hierbei wird auf verschiedenen Rangstufen nach arabischen Ziffern untergliedert. Beispiel:

  1. (1. Stufe)
  1.1 (2. Stufe)
  1.2
  1.2.1 (3. Stufe)
  1.2.2 usw.

Nehmen wir zwei Gliederungsbeispiele anhand biblischer Texte. Wir greifen dabei erneut auf die bereits für das Textschaubild (Schritt 7) und das Textthema (Schritt 9.1) herangezogenen Beispieltexte aus Kolosser 1 und 1. Thessalonicher 4 zurück.

Eine Textgliederung von Kolosser 1,9-12 nach dem alphanumerischen System könnte etwa so aussehen:

I. Paulus betet, dass die Kolosser mit Erkenntnis des Willens Gottes erfüllt werden (V. 9).
  A. Paulus betet regelmäßig für sie, seit er von ihrem Glauben gehört hat (V. 9a).
  B. Paulus betet um Erkenntnis des Willens Gottes, die durch geistgewirkte Weisheit und Einsicht zustande kommt (V. 9b).

II. Paulus betet, dass die Erkenntnis zu einem würdigen Wandel führt, der Gott gefällt (V. 10-12).
  A. Paulus nennt das Grundanliegen eines Gott wohlgefälligen würdigen Wandels (V. 10a).
  B. Paulus nennt die Kennzeichen eines Gott wohlgefälligen würdigen Wandels (V. 10b-12).
    1. Der Gott wohlgefällige würdige Wandel ist gekennzeichnet von geistlicher Fruchtbarkeit (V. 10b+c).
      a) Es geht um Frucht und Wachstum in jedem guten Werk (V. 10b).
      b) Diese geistliche Fruchtbarkeit kommt durch die Erkenntnis Gottes zustande (V. 10c).
    2. Der Gott wohlgefällige würdige Wandel ist gekennzeichnet von geistlicher Standhaftigkeit (V. 11).
      a) Gott stärkt die Seinen aus seiner göttlichen Machtfülle (V. 11a).
      b) Diese Stärkung soll den Christen zur Standhaftigkeit befähigen (V. 11b).
    3. Der Gott wohlgefällige würdige Wandel ist gekennzeichnet von Dankbarkeit (V. 12).

a) Es geht um frohe Dankbarkeit gegenüber Gott, dem Vater (V. 12a).
b) Grund für die Dankbarkeit ist, dass Gott den Seinen das himmlische Erbe eröffnet hat (V. 12b).

Natürlich muss eine Textgliederung nicht immer eine so ausführliche Feingliederung in untergeordnete Punkte aufweisen, wie das im vorliegenden Beispiel der Fall ist.

Als zweites Beispiel gliedern wir 1. Thessalonicher 4,3-7, und zwar nach dem Dezimalsystem:

1. Die Heiligung wird als Wille Gottes für die Gläubigen proklamiert (V. 3a).
2. Die von Gott gewollte Heiligung wird anhand des sexualethischen Verhaltens konkretisiert (V. 3b-6).
   2.1 Heiligung bedeutet Reinheit außerhalb und in der Ehe (V. 3b-6a).
      2.1.1 Heiligung bedeutet, sich der Unzucht zu enthalten (V. 3b).
      2.1.2 Heiligung bedeutet, ein gewinnendes und reines Intimleben mit seiner Frau zu führen (V. 4 u. 5).
      2.1.3 Heiligung bedeutet, sich nicht an der Ehe des Nächsten zu vergehen (V. 6a).
   2.2 Unreinheit im Sexualleben findet in Gott seinen Richter (V. 6b).
3. Die Heiligung entspricht der Berufungsabsicht Gottes für uns – im Gegensatz zur Unreinheit (V. 7).

Wer einen exegetisch erarbeiteten Bibeltext logisch und präzise formuliert gegliedert hat, wird keine Mühe haben, in übersichtlicher Weise fortlaufend über die Texteinheit sprechen zu können – sei es in der Mitarbeiterandacht, im Hauskreis oder auf der Kanzel. Er wird weder nur Lieblingsgedanken aus dem Text herauspicken noch unzusammenhängende Einzelanmerkungen zu den einzelnen Wörtern liefern. Vielmehr kann er Zusammenhänge darstellen und die Einzelaussagen des Textes in diese einordnen. Die Textgliederung führt ihn als sicherer und verlässlicher Wegweiser zum Ziel.

PRAKTISCHE LEITLINIEN FÜR DEN ARBEITSSCHRITT 9.2:

- **Gliedern Sie den Text fortlaufend in der natürlich gegebenen Reihenfolge!** Das heißt: Keine Vers-Auslassungen, keine Text-Umstellungen, keine thematischen Zusammengruppierung von Versen!
- **Unterscheiden Sie klar über- und untergeordnete Gedanken im Text und bringen Sie dies in Wort und Anordnung zum Ausdruck!** Das heißt: textgemäßer Gebrauch der Über- und Unterordnungsmöglichkeiten des Gliederungssystems, Verzicht auf bloßes Nebeneinanderstellen der Textaussagen, Verzicht auf willkürliches Hervorheben dessen, was »mir gerade wichtig ist«!
- **Rücken Sie die untergeordneten Gliederungspunkte jeweils nach rechts ein, damit die Unterordnung auch optisch sichtbar wird!**
- **Formulieren Sie die Gliederungspunkte möglichst in knappen, aber vollständigen Sätzen!** Das hilft zur Eindeutigkeit und fördert die Aussagekraft der Gliederung.
- Fügen Sie jedem Gliederungspunkt in Klammern die Versangabe bei, auf die sich der Gliederungspunkt bezieht! Damit wird die Übersicht gefördert und die Zuordnung erkennbar.
- **Übergeordnete Punkte müssen immer alle Verse umfassen, auf die sich die ihnen untergeordneten Punkte beziehen!** Das heißt: Es ist beispielsweise nicht möglich, so zu gliedern:

A. Hauptpunkt (V. 1)
  1. Unterpunkt (V. 2)
  2. Unterpunkt (V. 3)

Dies müsste, wenn schon, heißen:

A. Hauptpunkt (V. 1-3)
  1. Unterpunkt (V. 1)
  2. Unterpunkt (V. 2)
  3. Unterpunkt (V. 3)

- **»Wer A sagt, muss auch B sagen!«** Beachten Sie, dass es nie nur einen Unterpunkt geben kann, sondern immer mindestens zwei Gliederungspunkte vorhanden sein müssen, da ansonsten Haupt- und Unterpunkt identisch sind. (Wird nur ein Hauptpunkt formuliert, wäre dieser notwendig mit dem Textthema identisch.)
- **Untergeordnete Punkte müssen zusammen den ganzen Versumfang abdecken, auf den sich der ihnen übergeordnete Hauptpunkt bezieht!** Das heißt: Bezieht sich z.B. ein Hauptpunkt auf die Verse 1-4, können die Unterpunkte nicht nur Vers 3 und 4 behandeln.

AUFGABEN ZUR EINÜBUNG DES ARBEITSSCHRITTS 9.2

Zu Psalm 1,1-6:

Erstellen Sie unter Berücksichtigung obiger Regeln und unter Beachtung des von Ihnen angefertigten Textschaubildes eine Textgliederung von Psalm 1 nach dem alphanumerischen Gliederungssystem.

Zu Epheser 4,1-6:

Erstellen Sie unter Berücksichtigung obiger Regeln und unter Beachtung des von Ihnen angefertigten Textschaubildes eine Textgliederung von Epheser 4,1-6 nach dem Dezimal-Gliederungssystem.

Sich der Bedeutung der Texteinheit für heute stellen

Die Bibel ist der Niederschlag einer langen offenbarungsgeschichtlichen Entwicklung. In ihr hat Gott redend und handelnd in die Geschichte eingegriffen und seinen Willen, seine Pläne und sein Heil offenbart. Die uns so offenbarte Heilsgeschichte ist weder ein theologisches Einerlei noch ein geschichtsloses System, sondern eine fortschreitende Gottesoffenbarung, die von der Schöpfung bis zum Anbruch der Vollendung untrennbar mit der Geschichte verwoben ist. Sie wird gestaltet vom Handeln Gottes und von seinen Willenssetzungen. Dabei gibt es durchgehende Linien, die einen andauernden Fortgang in der Heilsgeschichte bilden (Kontinuität); es gibt aber auch unterbrechende Einschübe (Diskontinuität), wenn Gott gewisse Entwicklungen beendet und neue Anfänge setzt. Dies gilt es bei den Überlegungen zur Anwendung zu berücksichtigen. Erst eine heilsgeschichtliche Betrachtung und Einordnung ermöglichen eine schrift- und textgemäße – und damit eine dem Willen Gottes entsprechende – Anwendung der von Gott selbst intendierten Aussageabsicht der Texteinheit.[39]

Um die Bedeutung der Texteinheit erschließen zu können, soll nun mit Hilfe der *anwendungsbezogenen* Analyse geklärt werden, wem eigentlich das in der Texteinheit Ausgesagte gilt und in welchen aktuellen Situationen es zur Anwendung kommt. Hier wird sich die Bedeutung der Texteinheit abschließend und umfassend erschließen. Es wird die Frage beantwortet, warum und wozu die auszulegende Texteinheit abgefasst wurde und welche Bedeutung sie für uns heute hat.

---

39 Die Ausführungen zum Schritt 10 stammen in überarbeiteter und stark gekürzter Form aus H. Stadelmann: »Heilsgeschichtliches Denken als Hilfe für die Schriftauslegung«. – In *Grundlinien eines bibeltreuen Schriftverständnisses*, S. 122-133.

LEITSATZ:

Die anwendungsbezogene (pragmatische) Analyse hat das Ziel, eine schrift- und textgemäße Anwendung des Wortes Gottes zu ermöglichen, und zwar aufgrund eines heilsgeschichtlichen Verstehens der Bibel in Vergangenheit, Gegenwart und Zukunft.

Die pragmatische Analyse zeigt abschließend auf, wie auf die auszulegende Texteinheit zu regieren ist, indem sie folgende Leitfrage beantwortet:

Was ist **wann** zu **wem** und **wozu** gesagt?

Um diese Leitfrage einer anwendungsorientierten Analyse beantworten zu können, ist zu beachten, dass jeder biblische Text eine *allgemein*geschichtliche (= historische) und eine *heils*geschichtliche (= geistliche) Seite hat. Für jeden wahrnehmbar ist, was auf der Bühne der Weltgeschichte geschieht, entscheidend aber ist die Regieführung Gottes, die sich hinter den Kulissen abspielt. Die Bibel offenbart uns nun durch den Einblick in die Heilsgeschichte, was sich hinter dem Vorhang abspielt und wie die Regieführung Gottes erfolgt. Alles, was uns in der Bibel offenbart wird, gehört zum Heilsplan Gottes und eröffnet uns die Möglichkeit, hinter der »Weltgeschichte« Gottes »Heilsgeschichte« zu entdecken. Darum ist es für uns elementar wichtig auch wahrzunehmen, welcher Stelle (bzw. Epoche) in Gottes Heilsplan der auszulegende Text entspricht. Aus diesem Grund dürfen wir nicht zu kurzschlüssig und zu eilfertig fragen »Was sagt der Text für mich?«, sondern fragen vielmehr zuerst: »Wo steht der Text für sich?«. Ein zu kurzschlüssiger und eilfertiger Bezug des biblischen Wortes auf mein Leben erweckt vordergründig einen recht frommen Anschein, kann aber in Wirklichkeit mehr egozentrischer als theologischer Qualität entspringen und so die eigentliche Intention Gottes komplett verfehlen. Vor zwei Gefahrenquellen haben wir uns in hermeneutischer Hinsicht zu schützen:

> Wer keinen Blick für die Heilsgeschichte Gottes hat, der verkürzt das Wort Gottes, indem er die Bibel nur erbaulich oder nur historisch liest. Wer nur erbaulich denkt, fragt zu schnell nach dem Wert eines Textes für die gegenwärtige Frömmigkeit. Wer nur historisch denkt, steht in der Gefahr, im immanenten (diesseitigen) Denken stecken zu bleiben. [...]. Dadurch, dass wir die Bibel heilsgeschichtlich sehen, wird aus der in der Bibel berichteten Geschichte Gottes Geschichte mit der Welt zu ihrem Heil.[40]

Heilsgeschichte zeigt sich da, wo uns die Bibel Gottes konkretes Handeln in bestimmten geschichtlichen Situationen deutet. Sie manifestiert sich, wo Gott zu bestimmten Zeiten und Orten erwählend in den Geschichtslauf eingreift. In seiner Gnade erwählt Gott sich einzelne Menschen als Boten und Offenbarungsträger. Er erwählt sich sein Volk Israel aus allen Völkern heraus. Er erwählt einen Überrest und sendet, als die Zeit erfüllt war, seinen Sohn zur Erlösung. Er erwählt Apostel, welche die Botschaft von Jesus zu allen Völkern tragen sollen, und er erwählt sich aus allen Völkern seine Gemeinde. Mit seinen Erwählten schließt er Bündnisse: den Noahbund, den Abrahambund, den Sinaibund und den Neuen Bund. Dabei ist der Bündnisgott immer derselbe, aber die Bundesarten und Bundesbedingungen sind durchaus verschieden. Es gibt bedingte und bedingungslose Bündnisse. Auch vom Umfang und der Dauer her variieren die Bündnisse. So gilt der Noahbund bedingungslos und gesamtkosmisch, so lange die Erde besteht (1Mo 8,21ff); der Abrahambund ist ohne jede Bedingung einseitig von Gott verfügt und gilt auf unbegrenzte Dauer für Abraham und seine erwählten (leiblichen und geistlichen) Nachkommen (1Mo 15; Gal 3); der Gesetzesbund vom Sinai ist an Bedingungen geknüpft und gilt für Israel als »Intermezzo« in Gottes Heilsplan für die Zeit von Mose bis Christus (vgl. Lk 16,16; Röm 10,4 mit Gal 3+4; 2Kor 3,3ff); und der Neue Bund – eine alttestamentliche Verheißung für die messianische Zeit und durch Christi Kreuzestod gestiftet – geht an denen in Erfüllung, die zu Jesus, dem Messias, gehören (vgl. Jer 31,31ff mit Lk 22,20; 2Kor 3; Hebr 8,6-13; 10,11-18). Nach der Zeit des Gesetzes, die umfangsmäßig den größten Teil des AT abdeckt,

40 E. Lubahn: *Mit der Bibel arbeiten – eine Verstehenshilfe*, S. 88. 2. Aufl. Wuppertal: R.Brockhaus, 1981.

offenbart Gott als »Geheimnis« das Zeitalter der aus geretteten Juden und Heiden bestehenden Gemeinde (Eph 3,1-12; Kol 1,24-29; Röm 16,25). Am Ende des gegenwärtigen Zeitalters, nach den Wehen der Endzeit, wird der wiedergekommene Christus für eine begrenzte Zeit sein messianisches Reich auf dieser Erde aufrichten (Off 20; Apg 1,6; 3,18-21; 1Kor 15,23-28). So gibt es unterschiedliche »Heilsordnungen« (Ökonomien; vgl. Eph 1,10; 3,9), die Gott in der Geschichte manifestiert. Im Rahmen einer fortschreitenden Offenbarung enthüllt Gott seinen Willen und Plan. Anfänge und Fortgänge, Einschnitte und Neueinsätze, Kontinuität und Diskontinuität kennzeichnen das souveräne Wirken Gottes mit seinem Volk.

Anhand dieser bruchstückhaften Anmerkungen kann bereits einsichtig gemacht werden, dass die heilsgeschichtliche Berücksichtigung der fortschreitenden Offenbarung erhebliche Konsequenzen für die Bibelauslegung und ihre Anwendung haben wird. Als Einstieg in die Beschäftigung mit der biblischen Heilsgeschichte sei auf die Literaturempfehlungen im Anhang verwiesen.

Nachfolgend wird auf fünf elementare Punkte einer heilsgeschichtlichen Schriftauslegung hingewiesen und die Auswirkung auf eine schrift- und textgemäße Anwendung aufgezeigt:

(1) Den eigenen heilsgeschichtlichen Standort vergegenwärtigen

Zuerst ist es wichtig, dass der Ausleger seinen eigenen Standpunkt innerhalb der Heilsgeschichte erkennt und reflektiert. Der heutige Ausleger befindet sich im Zeitalter der Gemeinde Jesu. Das heißt, er lebt in der Zeit zwischen dem ersten und zweiten Kommen Christi, die noch zum »alten Äon« (dem »gegenwärtigen Zeitalter«) zählt – eine Zeit mit ihren Unvollkommenheiten –, die aber doch schon auf den Anbruch des »neuen Äons« (des »zukünftigen Zeitalters«), in Christi Kreuz und Auferstehung, zurückblicken kann und deren volle Auswirkungen er von Gottes endzeitlicher Zukunft erwartet. Was für die Zeit der Gemeinde Jesu gilt, ist nicht unbedingt das Gleiche wie das, was für Israel in der Zeit unter dem Gesetz galt – oder was einmal künftig in der Vollendung der Neuen Schöpfung gelten wird. Ganz gleich, worauf sich der Bibeltext hinsichtlich Vergangenheit, Gegenwart oder Zukunft bezieht: Der Ausleger ist sich dessen bewusst, dass er den Text als Christ liest, der selbst zur Gemeinde von Jesus Christus gehört.

(2) Den heilsgeschichtlichen Standort der Texteinheit wahrnehmen

Trotzdem wird der gewissenhaft und gründlich arbeitende Ausleger versuchen, im Rahmen seiner schrift- und textgemäßen Auslegung jeden Text aus der jeweiligen Zeit heraus zu verstehen, zu der dieser Text heilsgeschichtlich gehört. Es ist unsachgemäß, in der Bibel alle Aussagen auf eine Ebene zu ziehen und zu einem dogmatischen Einerlei einzuebnen. Das alte Israel zur Kirche zu erklären oder Mose und David zu Christen zu machen, trägt nicht zu biblischer Klarheit bei. Das alte und das neue Bundesvolk Gottes sind nun einmal nicht das Gleiche! Heilsgeschichtliche Bibelauslegung und Bibelanwendung stellt sich der Aufgabe, jeden Abschnitt der Heiligen Schrift auf seinem eigenen Hintergrund in seiner ursprünglichen Aussageabsicht und Bedeutung zu verstehen.

Folgt man dem Grundsatz, dass die Bibel als Wort Gottes selbst die Maßstäbe für den richtigen Umgang mit ihren Texten setzt, so kann der heilsgeschichtliche Standort der Texteinheit verortet werden, indem folgende fünf Unterschiede berücksichtigt werden.

*a) Unterschiedliche heilsgeschichtliche **Ereignisse** beachten*

In der Bibel gibt es Ereignisse (z.B. Gabe des Gesetzes am Sinai, Kommen des Messias, Geistausgießung an Pfingsten, uva.), die so weitreichende Konsequenzen nach sich ziehen, dass ein »davor« und »danach« unterschieden werden muss. Z.B. wird die Frage nach dem Empfang bzw. Verlust des Geistes vor Pfingsten anders beantwortet als nach Pfingsten. Zugleich markiert Pfingsten damit auch einen elementaren Unterschied zwischen dem Alten und Neuen Bund. Stellen Sie sich aus diesem Grund Fragen wie: Betrifft der Inhalt der Texteinheit die Zeit

- vor oder nach Pfingsten?
- vor, zwischen oder nach dem ersten bzw. zweiten Kommen Jesu?
- vor, unter oder nach dem Gesetz?
- usw.

b) Unterschiedliche heilsgeschichtliche ***Zeitalter*** *beachten*

In der Bibel gibt es verschiedene Begriffe (»aion« = Zeitalter; »oikonomia« = Haushaltung, Heilsplan) zur Unterscheidung von unterschiedlichen Zeitepochen. So wird im Neuen Testament z.B. zwischen »diesem Zeitalter« (1Kor 1,20; 2,6.8) und dem »zukünftigen Zeitalter« (Hebr 6,5) unterschieden (Mt 12,32, Eph 1,21). Die Bibel spricht aber nicht nur von diesem und dem zukünftigen Zeitalter, sondern sie spricht von Zeitaltern in der Mehrzahl (1Kor 2,7). Dies gilt aus der Sicht der biblischen Autoren sowohl für die Vergangenheit (1Kor 10,11; Eph 3,9; Hebr 9,26) als auch im Blick auf die Zukunft (Eph 2,7). Stellen Sie sich aus diesem Grund Fragen wie:

- Ist die Texteinheit eindeutig einem speziellen Zeitalter zuzuordnen?
- Betrifft die Texteinheit eine Überlappung der Zeitalter bzw. eine Übergangsphase zwischen zwei Zeitaltern?
- usw.

c) Unterschiedliche heilsgeschichtliche ***Körperschaften*** *beachten*

In der Bibel gibt es verschiedene Körperschaften, die heilsgeschichtlich zu unterscheiden, aber in ihren Beziehungen zueinander nicht immer zu trennen sind. Stellen Sie sich aus diesem Grund Fragen wie:

- Bezieht sich der Inhalt der Texteinheit allgemein auf die Menschheit bzw. die Schöpfung?
- Bezieht sich der Inhalt der Texteinheit auf eine spezielle Körperschaft (Israel, Gemeinde oder Nationen / Heiden)?
- usw.

d) Unterschiedliche heilsgeschichtliche ***Bundesschlüsse*** *beachten*

Wie einführend in die anwendungsorientierte Analyse schon ausführlich erwähnt, gibt es in der Bibel unterschiedliche Bundesschlüsse mit unterschiedlicher Gültigkeitsdauer, unterschiedlichen Bundesbedingungen, unterschiedlichen Bundeszeichen und unterschiedlichen Bundespartnern. Stellen Sie sich aus diesem Grund Fragen wie:

- Welchen Bundesschluss betrifft der Inhalt der Texteinheit?
- Welche Gültigkeitsdauer hat dieser Bundesschluss?
- Ist dieser Bundesschluss an Bedingungen geknüpft?
- Mit wem ist dieser Bundesschluss geschlossen?
- Welche Bedeutung hat das Bundeszeichen dieses Bundesschlusses und wie ist damit umzugehen?
- Folgt der Bundesschluss dem Prinzip: »Schon jetzt« angefangen, aber »noch nicht« vollendet?
- usw.

Heilsgeschichtliches Denken bewahrt so vor einem willkürlichen Bibelgebrauch, da es die unterschiedlichen Bündnisse mit ihren unterschiedlichen Handlungsanweisungen unterscheidet. Denken Sie immer wieder an die heilsgeschichtliche Leitfrage: **Was** ist **wann** zum **wem** und **wozu** gesagt?

e) Unterschiedliche heilsgeschichtliche ***Linien*** *beachten*

In der Bibel sind z. T. überlappende, parallele, progressiv fortschreitende oder einander ablösende heilsgeschichtliche Linien zu beachten. Diese Linien stehen in Beziehung zueinander und fokussieren sich im Kreuz Jesu als dem Zentrum der Heilsgeschichte (Röm 11,36). Folgende Linien sind zu unterscheiden:[41]

Die **Schöpfungslinie**, die mit der Urschöpfung beginnt (1Mo 1) und in der Neuschöpfung (Off 21,1ff) endet (Mk 13,31). Die Neuschöpfung ist die durchgehende Hoffnung des Volkes Gottes im Alten (Jes 65,17) und Neuen (2Petr 3,13) Testament. Auch wenn sie »noch nicht« vollendet ist, ist sie nicht nur Zukunft, sondern beginnt durch den Glauben »schon jetzt« in der Gegenwart (2Kor 5,17). Auch wenn die Heilsgeschichte auf die Neuschöpfung zuläuft, bleiben bis zu ihrer Vollendung die aktuellen Ordnungen bestehen, bis der gegenwärtige »Himmel und Erde« vergehen (Mt 5,18). Kennzeichnend für die gegenwärtige Schöpfung ist, dass Gott Einheit herstellt, indem er Unterschiede macht (1Mo 1). Wo in der Bibel mit der Schöpfungsordnung argumentiert wird, handelt es sich deshalb nicht um zeitlich bedingte Anweisungen (z.B. 1Kor 11; 1Tim 2).

Die **Adamslinie**, die uns von Schöpfung und Sündenfall an zeigt, wie der Mensch ist und was Gott im Zuge der Heilsgeschichte für ihn bereit hat (1Kor 15,21ff; Röm 5,12.18f). In Adam beginnt die Abfallgeschichte in der Heilsgeschichte und somit erfolgt die Heilsgeschichte in der Spannung zwischen dem Sündersein des Menschen »in Adam« und der Rechtfertigung des Sünders »in Christus«. Die entscheidende Zäsur in der Adamslinie ist also der »neue Adam« Jesus Christus (vgl. 1Mo 1,27 mit 2Kor 4,3f; Kol 1,15). Somit geht die Adamslinie auf dem Weg des Gerichts ihrem Ziel entgegen, während Christus der Retter und Richter ist. Der Gläubige wird vor dem Richterstuhl Christi (1Kor 3,11ff; 2Kor 5,10; Röm 14,10) und der Ungläubige vor dem Endgericht nach dem »Jüngsten Tag« (Offb 20,11ff) erscheinen.

---

41 Zum Nachfolgenden siehe E. Lubahn: *Heilsgeschichtliche Theologie und Verkündigung: Mit Beiträgen von Otto Michel,* S. 36-59. Stuttgart: Christliches Verlagshaus, 1988.

Die **Geistlinie**, die das Handeln Gottes in seiner Schöpfung durch seinen Heiligen Geist beschreibt. Sie beginnt am Anfang der Schöpfung (1Mose 1,2). Während im Alten Testament der Geist nur auf einigen von Gott erwählten Menschen ruht, ist der Heilige Geist im Neuen Testament geradezu das Kennzeichen der Gläubigen (1Kor 12,3). Ein entscheidender Heilspunkt der Geistlinie ist damit das Pfingstereignis. Der Heilige Geist ist zu allen Zeiten der Gleiche, wirkt aber im Laufe der Heilsgeschichte unterschiedlich.

Die **Gnaden- und Glaubenslinie** (vgl. 1Mose 15,6 mit Gal 3,6; Röm 4,3.9f). Beachten Sie, dass es auch im AT keine Werkgerechtigkeit gab, da nicht das Opfer an sich die Vergebung wirkt, sondern die hinter der Opferhandlung stehende innere Haltung (Buße) entscheidend ist (vgl. Mt 9,13; 12,7 (= Hos 6,6) mit 1Sam 15,22; Spr 15,8; 21,3; Pred 4,17; Jes 1,11-17; Am 5,22.24; Mi 6,6-8; Mk 12,33). Christus ist der Anfang und das Ende der Heilsgeschichte, das A und O, der Erste und der Letzte (Offb 1,8.11;4,8). Christus steht am Anfang der Schöpfung (Joh 1,1ff; Kol 1,15f) und der Neuschöpfung (Offb 21,5). Mitten in der Geschichte des Sündenfalls, also des Abfalls des Menschen von Gott, beginnt bereits die Heilslinie in Christus mit einer Verheißung (1Mo 3,15). Es sind vier heilsgeschichtliche christologische Epochen zu unterscheiden: der verborgene Christus (im AT), der leidende Christus (in den Evangelien), der erhöhte Christus (in den Briefen) und der wiederkommende verherrlichte Christus (in der Offenbarung). Jesus kommt wieder für seine Gemeinde (1Thess 4,13ff) und für Israel (Apg 1,6; Röm 11,25ff; Jes 59,20).

Die **Gerichtslinie**, die im Alte Testament und Neuen Testament dem gleichen Grundsatz folgt: Es gibt kein Heil ohne Gericht (Jes 26,8f; Lk 11,42). Markante Einschnitte bzw. Zeitpunkte (›kairoi‹) sind auf dieser Linie die Sintflut und der Turmbau zu Babel als Warnungen. Israel wird dann durch die Propheten zum Heil durch Gericht gerufen. Das Gericht betrifft die Gemeinde, Israel und die Nationen, wobei es am Haus Gottes beginnt (1Petr 4,17). Jeder Mensch stirbt und danach kommt das Gericht (Hebr 9,27). Das Gericht an der Gemeinde ist aber kein Verdammungsgericht, da der Opfertod des Herrn der Gemeinde für Sühnung sorgt (Röm 8,1). Aber einer Beurteilung entgeht auch die Gemeinde nicht. Mit dem »Jüngsten Gericht« endet die gegenwärtige »Welt« (Offb 20,11-21,7).

Die **Gemeinde-Linie** ist neutestamentlich, da sie im Alten Testament zwar enthalten, aber verborgen ist (Eph 3,9; Kol 1,16; 1Kor 10,1ff). Aber vor Grundlegung der Welt hat Gott die Gemeinde in Christus erwählt (Eph 1,4; vgl. Röm 8,29). Deshalb ist die Gemeinde der Leib Christi (Eph 1,23; 4,4; Röm 12,5; 1Kor 12,27). Allerdings ist die Gemeinde ein »Einschub« in die **Israellinie** (Röm 11; Eph 3).

Stellen Sie sich aus diesem Grund Fragen wie:

- Welche heilsgeschichtlichen Linien werden in der Texteinheit erwähnt?
- Welche Kontinuität bzw. Diskontinuität besteht in dieser heilsgeschichtlichen Linie?
- usw.

(3) Die Texteinheit vor dem Hintergrund der fortschreitenden Offenbarung einordnen

Nach dem »Seh-Akt« (Wo »steht« der Text?), kommt nun der »Verstehens-Akt« (Was »steckt« im Text?). Dabei wird der Ausleger im Vergleich verschiedener Texteinheiten der Bibel aus unterschiedlichen Epochen der Offenbarungsgeschichte auf das Problem von Kontinuität und Diskontinuität stoßen. Durchgehend stößt er auf den gleichen heiligen und liebenden Gott. Durchgehend stößt er auf die Tatsache, dass Gott dem Menschen jeweils Gebote gibt, die den Gehorsam des Menschen fordern und ihn zur Heiligkeit rufen. Durchgehend stößt er auf das Motiv des Erlösungshandelns Gottes, durch das er den ungehorsamen, sündigen Menschen – aufgrund der Gnade und letztlich um des stellvertretenden Sühneopfers Jesu Christi willen – Heil anbietet und ermöglicht. Aber er wird auch merken, dass Gott zu unterschiedlichen Zeiten durchaus unterschiedliche Anweisungen gab, anhand derer er den Gehorsam des jeweiligen Menschen prüfte. So war es etwa zu Abrahams Zeit vor Gott durchaus in Ordnung, wenn der Hausvater für seine Familie neben seinem Zelt ein Opfer darbrachte. Seit der Gottesoffenbarung am Sinai wäre ihm das aber als Ungehorsam ausgelegt worden: Denn jetzt forderte Gott, dass Opfer durch den Priester in der Stiftshütte und später im Tempel dargebracht werden sollten. Und zu neutestamentlicher Zeit ist uns das Sühneopfer von Jesus gegeben, das Tieropfer in ihrem vorläufigen Hinweischarakter erkennbar macht und ersetzt. In der Ehescheidungsfrage beispielsweise unterscheidet Jesus (Mt 19,1-9) zwischen der ursprünglichen Schöpfungsordnung, die Scheidung nicht vorsah, der Zeit des Gesetzes, in der sie als Notordnung zugelassen wurde, und der neutestamentlichen Zeit, die wieder auf die ursprüngliche Ordnung als Wille Gottes zurückkommt und die Notordnungen drastisch einschränkt. Was das alttestamentliche Gesetz betrifft, kann Paulus betonen, er sei nicht unter dem Gesetz, weiß sich aber dem »Gesetz Christi« unterworfen (1Kor 9,20f). Die Beispiele ließen sich vermehren. Der sorgfältig heilsgeschichtlich arbeitende Bibelausleger wird die Unterschiede wie auch die durchgehenden Linien im offenbarungsgeschichtlichen Handeln und Reden Gottes genau berücksichtigen und so die Fülle der biblischen Aussagen ohne dogmatisches Einebnen wahrnehmen können.

Dazu ist der heilsgeschichtliche Leitsatz von Johann Albrecht Bengel zu berücksichtigen:

Unterscheide die Zeiten, und die Schrift fügt sich zusammen!

(4) Die heilsgeschichtlich relevante Anwendung für die Gegenwart entdecken

Viertens ermöglicht eine heilsgeschichtliche Betrachtung eine dem Willen Gottes entsprechende Anwendung der schrift- und textgemäß ausgelegten Bibeltexte. Die ganze Bibel ist unantastbares Wort Gottes. Die ganze Bibel ist uns als wahres Wort Gottes in allen ihren Teilen geistlich nützlich, indem sie uns zum Beispiel Gottes Wesen und seine Wege mit den Menschen aufzeigt. Aber nicht alles gilt für alle Menschen in gleicher Weise. Manches ist für andere Heilsepochen und zu anderen Empfängern der Offenbarung gesagt.

- Da liest heute ein Christ das alttestamentliche Beschneidungsgebot: Soll er nun sich und alle männlichen Mitglieder seines Haushaltes beschneiden lassen? Würde er dies tun, hätte er verkannt, dass diese Ordnung für die Zeit der Gemeinde nicht mehr gegeben ist (Gal 5,2).
- Ein anderer tritt unter Berufung auf Jesaja 2,4 als grundsätzlicher Pazifist auf: »Sie werden ihre Schwerter zu Pflugscharen umschmieden [...]; kein Volk wird gegen das andere Volk das Schwert erheben, und sie werden nicht mehr Krieg einüben!« Alle Staatsgewalt lehnt er folglich als unbiblisch ab, verkennt dabei aber, dass dieses Wort Gottes durch den Propheten Jesaja eine Prophetie auf die künftige messianische Heilszeit ist, während für die jetzige Epoche noch Römer 13,4 gilt: Die Obrigkeit »trägt das Schwert nicht umsonst; sie ist Gottes Dienerin, eine Vergelterin zur Vollziehung des Zorns an den Übeltätern!«
- Wieder ein anderer liest in Jesaja 53,4f, dass Jesus, der Gottesknecht, nicht nur für unsere Sünden, sondern auch für unsere Krankheiten sterben wird. Kurzschlüssig folgert er: Weil ich um des Opfers Jesu willen Vergebung meiner Schuld erhalte, wenn ich ihn bitte, erhalte ich auch in jedem Fall Heilung und Gesundheit! Dabei übersieht er, dass Jesus in seinem Kreuzesleiden zwar grundsätzlich sowohl die Sünde als auch – als deren Folge – Krankheit und Tod überwunden hat, dass sich dieses Kreuzesgeschehen aber in einer heilsgeschichtlichen Abfolge auswirkt. Die Erlösung von Sünde und Schuld wird jedem geschenkt, der an das vollbrachte Opfer Jesu glaubt. Die Erlösung des Leibes und die Befreiung von Krankheit, Leiden und Tod werden erst mit der endzeitlichen Auswirkung jener anfänglichen Erlösung gegeben sein (vgl. Röm 8,23; Offb 21,4). Trotzdem kann Gott als Gnadengeschenk auch schon

heute Vorweggaben jener Vollendungsgabe in »außerfahrplanmäßigen« Heilungswundern schenken.

Es sollte deutlich geworden sein: Bevor wir ein Schriftwort unmittelbar anwenden, müssen wir sehen, ob es wirklich für uns an unserem heilsgeschichtlichen Ort gesagt ist. Eine genaue Beachtung dessen, was Gott für die Zeit der Gemeinde als Ordnungen verfügt hat und was für sein Volk Israel noch immer an heilsgeschichtlich-endzeitlichen Verheißungen auf Erfüllung wartet, bewahrt vor manchem Schaden in der Auslegung und Anwendung.

(5) Die Anwendung der Texteinheit vornehmen

Anwendungen können von allen Teilen der Bibel vorgenommen werden. Jede Anwendung muss aber berücksichtigen, was zum jeweiligen Thema von Gott für die gegenwärtige Zeit offenbart wurde und gilt. Wenn wir wissen, was Gottes Verheißung, Gebot und Ordnung für die jetzige Zeit ist, können wir mit Gewinn jeden Teil der Bibel persönlich oder in der Verkündigung anwenden, nachdem wir ihn seinem ursprünglichen Sinn gemäß (schrift- und textgemäß) verstanden haben. In den Geschichtsberichten des AT erkennen wir etwa die Prinzipien des Handelns Gottes mit seinem Volk: Wie er zu seinen Verheißungen steht, wie ernst er die Übertretung der jeweils gültigen Gebote nimmt und wie er immer wieder unbegreiflich gnädig ist. Gottes Geschichte mit seinem Volk, die uns als prophetisch gedeutete Geschichte in der Bibel begegnet, kann und soll uns zum lehrreichen Vorbild werden (1Kor 10,11). An den oft bis zur Todesstrafe gehenden Strafgesetzen des mosaischen Gesetzes können wir erkennen, wie ernst Gott die Sünde nimmt – ohne dass wir deswegen für die Vollstreckung von Todesstrafen im Rahmen der christlichen Gemeinde plädieren müssten, denn im Neuen Testament ordnet Gott lediglich Gemeindezucht an und behält sich das Gericht für die Zukunft selbst vor. Manches im mosaischen Gesetz können wir mittelbar (aber unverändert) auf uns anwenden, weil wir sehen, dass Gott die gleichen Prinzipien auch für seine neutestamentliche Gemeinde verfügt hat. So sind – teils als Zitat, teils in neuer Formulierung – neun der Zehn Gebote im Neuen Testament wieder verfügt.[42] Nur heißt es vielleicht statt »Du sollst nicht stehlen« (2Mose 20,15): »Wer gestohlen hat, stehle nicht mehr« (Eph 4,28). Allein das Sabbatgebot (2Mo 20,8-11) ist für die neutestamentliche Gemeinde nicht wieder in der alttestamentlichen Form verfügt (vgl. Mt 12,8; Joh 9,16; Kol 2,16; Gal 4,10; Röm 14,5). Dass »der Sabbattag für den Menschen da ist« und als Ruhetag nützlich ist, geht schon aus der Schöpfungsordnung hervor, ist also ein gnädiges Prinzip Gottes auch für uns. Wer die Bibel heilsgeschichtlich liest, wird gerne den Ruhetag nach sechs Tagen Arbeit aus Gottes Hand nehmen und zu Gottes Ehre begehen, sei es der Sonntag im Gedenken an den Tag der Auferstehung von Jesus, sei es – weil der Beruf es nicht anders zulässt – auch einmal ein anderer Tag.

So kann als Ertrag festgehalten werden:

- Die ganze Bibel ist Gottes unantastbares Wort, aber für bestimmte Zeiten gibt er – in heilsgeschichtlicher Kontinuität und Diskontinuität – jeweils spezielle Ordnungen. In diesem heilsgeschichtlichen Ganzen ist kein Teil entbehrlich, sondern alles trägt zu dem organisch-vielschichtigen Ganzen bei und ist je an seinem Platz in der fortschreitenden Offenbarung zu sehen. Diese Einheit ist durch den göttlichen Urheber selbst gegeben.
- Was für die gegenwärtige Heilszeit geoffenbart ist, können wir aufgrund genauer geschichtlicher und literarischer Analyse verstehen und direkt auf uns anwenden.
- Was unmittelbar für eine andere Heilsepoche galt, können wir in indirekter Anwendung – unter Berücksichtigung dessen, was für heute gilt – sinngemäß und manchmal auch in unveränderter Kontinuität für unsere gegenwärtige Situation erschließen und übertragen.

42 Eine übersichtliche Darstellung mit den entsprechenden Belegen zur Wiederverfügung der Zehn Gebote im NT findet sich in der *John MacArthur Studienbibel*, S. 155 [zur Stelle 2Mose 20,1-17]. Bielefeld: CLV, 2002.

PRAKTISCHE LEITLINIEN FÜR DEN ARBEITSSCHRITT 10:

- **Direkte Anwendung und indirekte Übertragung biblischer Aussagen unterscheiden, indem Sie zuerst fragen: Was gilt wem und was gilt wann?**
- **Den eigenen aktuellen heilsgeschichtlichen Standort als Glied der neutestamentlichen Gemeinde vergegenwärtigen!**
- **Den heilsgeschichtlichen Standort der Texteinheit wahrnehmen!**
- **Die Texteinheit auf dem Hintergrund der fortschreitenden Offenbarung in den heilsgeschichtlichen Zusammenhang einordnen!**
- **Die heilsgeschichtlich relevante Anwendung für die Gegenwart entdecken!** Lässt der Geltungs- und Gültigkeitsbereich der heilsgeschichtlichen Epoche (z. B. Bundesschluss, heilszeitlicher Abschnitt [griech. Oikonomia] usw.) eine direkte Übertragung und Anwendung zu?
- **Die Anwendung der Texteinheit vornehmen!** Wird die theologische Aussage (das Prinzip) in verschiedenen Zeiten und Situationen im Gesamtzeugnis der Schrift übernommen bzw. fortgeführt (theologische Betrachtung)? Bestehen Parallelen zwischen der damaligen und der gegenwärtigen Situation (evtl. Möglichkeit zum Analogieschluss)? Gibt es Hinweise, die ausschließlich mit der damaligen kulturellen Praxis zu erklären sind (kulturelle Überprüfung)?

Damalige Situation → Theologisches Prinzip → Aktuelle Situation

→

Schrift- und textgemäße Übertragung

LEITFRAGEN ZUR ENTDECKUNG DES KONKRETEN VERKÜNDIGUNGSAUFTRAGES:

- Welche konkrete Aussage Gottes habe ich den Hörern für ihren Alltag zu erklären?
- Welchen konkreten Anspruch Gottes habe ich den Hörern für ihren Alltag zu veranschaulichen?
- Welchen konkreten Zuspruch Gottes habe ich auf die Hörer für ihren Alltag anzuwenden?

LEITFRAGEN ZUR KONKRETEN ÜBERTRAGUNG
UND ANWENDUNG DER TEXTEINHEIT[43]:

- Welchem konkreten Beispiel im Text sollte ich zukünftig nacheifern?
- Welche konkrete Sünde wird im Text erwähnt, die ich zukünftig vermeiden soll?
- Welche konkrete Verheißung im Text darf ich glauben und zukünftig in Anspruch nehmen?
- Welcher konkreten Anweisung im Text soll ich zukünftig gehorchen?
- Welche konkrete Bedingung im Text sollte ich zukünftig erfüllen?
- Welchen konkreten Irrtum sollte ich zukünftig meiden?
- Welcher konkreten Herausforderung im Text sollte ich mich zukünftig stellen?

43 Vgl. hierzu die ausführlichen und detaillierten Fragen bzw. Anmerkungen zu einer schrift- und textgemäßen Anwendung in H. G. und W. D. Hendricks: *Bibellesen mit Gewinn: Ein Handbuch für das persönliche Bibelstudium*. S. 289-352.Dillenburg: CV 1995.

AUFGABEN ZUR EINÜBUNG DES ARBEITSSCHRITTS 10

Zu Psalm 1,1-6:

Lässt der Geltungs- und Gültigkeitsbereich der heilsgeschichtlichen Epoche eine direkte Übertragung und Anwendung zu?
Wird ein theologisches Prinzip in verschiedenen Zeiten und Situationen in der Bibel übernommen bzw. fortgeführt?
Bestehen Parallelen zwischen der damaligen und der gegenwärtigen Situation? Gibt es Hinweise, die ausschließlich mit der damaligen kulturellen Praxis zu erklären sind?

Zu Epheser 4,1-6:

Lässt der Geltungs- und Gültigkeitsbereich der heilsgeschichtlichen Epoche eine direkte Übertragung und Anwendung zu?
Wird ein theologisches Prinzip in verschiedenen Zeiten und Situationen in der Bibel übernommen bzw. fortgeführt?
Bestehen Parallelen zwischen der damaligen und der gegenwärtigen Situation? Gibt es Hinweise, die ausschließlich mit der damaligen kulturellen Praxis zu erklären sind?

Hinweise zur schriftlichen Ausarbeitung einer schrift- und textgemäßen Exegese mit Hilfe der *10-Schritt-Methode*

Wir haben nun einen langen, lohnenden Weg hinter uns. Da waren zunächst die verschiedenen Einzelschritte in der ersten Phase des exegetischen Prozesses, in der wir uns einen Überblick über die Texteinheit verschafft haben (Schritt 1). Dann kamen verschiedene analytische Einzelschritte (Schritt 2-8) in einer zweiten Phase, die uns vertiefte Einblicke in den Text ermöglicht haben. Und in der dritten Phase haben wir in einem Ausblick (Schritt 9 und 10) die Ergebnisse unserer Auslegung fokussiert. So ist unsere Exegese fast abgeschlossen.

Allerdings sollten nun die verschiedenen Einzelergebnisse, die vielleicht auf Zetteln und Blättern verstreut auf unserem Schreibtisch herumliegen, übersichtlich geordnet und für spätere Zeiten (zum Beispiel als Grundlage für die Verkündigung) gesichert werden. Für dieses Ziel lohnt es sich, dass Sie Ihren eigenen kurzen Vers-für-Vers-Kommentar zu der Texteinheit verfassen. So können Sie zeigen, dass Sie imstande sind, Ihre Auslegung in eine nachvollziehbare und lesefreundliche Schriftform zu bringen und somit die Einzelergebnisse Ihrer exegetischen Arbeit übersichtlich zusammengefasst und begründet zu präsentieren.

Methodisch gehen Sie dabei wie folgt vor: Stellen Sie Ihr Textthema und das Textschaubild voran und erläutern Sie kurz die ursprüngliche Kommunikationssituation sowie die Kontexteinbindung und Gattung bzw. Form der Texteinheit. Dann bündeln Sie Ihre Auslegung in einer kurzen Vers-für-Vers-Kommentierung der Texteinheit in knappen und präzisen Sätzen. Achten Sie dabei besonders auf die Verknüpfung der einzelnen Verse und geben Sie an, in welcher Beziehung die Einzelverse zueinander stehen. Ihre Vers-für-Vers-Auslegung strukturieren Sie, indem Sie Ihre Textgliederung fortlaufend als Gliederungsprinzip in Ihren Kommentar einbauen.

Aufbau und Struktur einer schrift- und textgemäßen Exegese:

I. *Textthema* (Schritt 9.1)
Stellen Sie das Textthema Ihrem Kommentar voran.

II. *Textschaubild* (Schritt 7)
Bieten Sie einen anschaulichen Überblick über die Textstruktur durch Ihr Textschaubild.

III. *Ursprüngliche Kommunikationssituation* (Schritt 3.1)
Beantworten Sie kurz und bündig die klassischen Einleitungsfragen. Erläutern Sie jedoch auch, welchen konkreten Nutzen die Klärung der ursprünglichen literarischen Kommunikationssituation für die Auslegung Ihrer Texteinheit bringt.

IV. *Kontexteinbindung* (Schritt 4.1-5)
Zeigen Sie knapp auf, wie Ihr Text in den Gedankenfluss des Kontextes passt.

V. *Gattung und Form* (Schritt 5.1-2)
Geben Sie an, welcher Gattung der Text angehört und welche besonderen Formen er bietet. (Diese Angaben können alternativ auch in die folgende Auslegung einbezogen werden.)

VI. *Auslegung* (Hauptteil)
In einer knappen Vers-für-Vers-Auslegung, die durch die eingearbeitete Textgliederung (Schritt 9.2) in alphanumerischer Gliederung strukturiert wird, präsentieren Sie die Ergebnisse Ihrer Einzelanalysen zu jedem Vers.

Lassen Sie die Ergebnisse Ihrer textkritischen Analyse aufgrund von Textvarianten (Schritt 2.1a) jeweils direkt passend zum entsprechenden Vers in Ihre Kommentierung einfließen. Sie brauchen Ihrer Exegese keinen Übersetzungsvergleich, keinen synoptischen Vergleich

und keine Text-Synchronologie beifügen (evtl. als Anhang), aber erläutern und begründen Sie Ihre Ergebnisse an geeigneter Stelle. Haben sich für Sie gravierende Probleme aufgrund der unterschiedlichen Übersetzungsweisen ergeben (Schritt 2.1b+c), so erläutern Sie Ihre Problemlösungen im Rahmen Ihrer Vers-für-Vers-Auslegung. Präsentieren Sie Ihre Lösungen unter Berücksichtigung Ihrer sprachlich-grammatischen (Schritt 6.1+2), stilistischen (Schritt 5.3), historischen (Schritt 3.2+3) und biblisch-theologischen (Schritt 8) Analyse. Beschränken Sie sich auf die unbedingt notwendigen Wortstudien, die Sie dann in Form eines Exkurses einarbeiten, und begründen Sie Ihre Wahl. Arbeiten Sie nur die Ergebnisse Ihrer Begriffsstudien ein und verzichten Sie auf die Angabe von seitenlangen Bibelstellenverzeichnissen oder Zitaten.
Achten Sie bei Ihrer Auslegung darauf, dass Sie Ihre exegetischen Entscheidungen begründen und den Zusammenhang der Verse Ihrer Texteinheit (Gedankenfluss) verdeutlichen, indem Sie die Übergänge gründlich analysieren (vgl. Schritt 6.2).
Setzen Sie für Ihre Ausarbeitung alle Ihnen zur Verfügung stehenden literarischen (Kommentare, Lexika, Wörterbücher, Zeitschriftenartikel usw.) und computertechnischen Hilfsmittel ein. Achten Sie aber darauf, dass es sich um eine eigenständige Arbeit handelt und nicht um eine Zitatensammlung von vermeintlichen exegetischen Autoritäten. Zeigen Sie vielmehr durch Ihre Auslegung, dass Sie imstande sind, Literatur und Gedanken anderer eigenständig zu verarbeiten. Schreiben Sie also nicht nur ab, sondern gehen Sie vor allem bei der Verwendung von Bibelkommentaren abwägend und beurteilend vor. Haben Sie Mut zur eigenen Meinung, vergessen Sie dabei aber nicht, Ihre Ansichten zu begründen. Das, was Sie in Ihrer Bibelauslegung herausfinden, ist das, was Sie dann auch glauben und – heilsgeschichtlich verstanden – zu tun bereit sind. Was Sie niederschreiben, ist kein gedankliches Spiel mit Interpretationsmöglichkeiten, sondern gehorsames Nachzeichnen der Offenbarung Gottes.

VII. *Anwendung* (Schritt 10.1-5)
Beachten Sie den Unterschied zwischen präskriptiven (vorschreibenden) und deskriptiven (beschreibenden) Informationen in Ihrem Bibeltext. Begründen Sie, welche biblischen Grundsätze Ihrer Texteinheit Sie – heilsgeschichtlich entsprechend der Intention Gottes verstanden – als heute verbindlich zu befolgendes Wort Gottes weitergeben wollen. Die Leitsätze in den praktischen Leitlinien zu Schritt 10 dienen Ihnen als Hilfestellung für die Begründung Ihrer Überlegungen zur Anwendung der Texteinheit.

Denken Sie daran, dass die Fertigstellung der Exegese nicht mit der Abfassung einer Andacht, Bibelarbeit oder Predigt zu verwechseln ist. Die Ergebnisse der Exegese bilden vielmehr die Grundlage für die sich nun anschließende Predigtmeditation mit der dort zu leistenden »Wirklichkeitsexegese«.[44] Die eigentliche Andacht, Bibelarbeit oder Predigt können Sie erst erarbeiten, wenn Sie die Ergebnisse der exegetischen Arbeit an der Texteinheit und an der Wirklichkeit schrift- und textgemäß zueinander in Bezug gesetzt haben.[45]

44 Hilfreiche Informationen zur Predigtmeditation finden Sie in H. Stadelmann: *Kommunikativ predigen*, Kap. 2.4 (S. 136-160).

45 Hilfreiche Informationen zur Predigtvorbereitung, -abfassung und -präsentation finden Sie im vorgenannten Werk in Kap. 3 (S. 161-239).

ANHANG

Zeitbedarf für die praktische Bibelauslegung nach der 10-Schritt-Methode

	Schritt 1	
Mit dem Text vertraut werden	Zeitbedarf ca. 3/4 Std.	Überblick
	Schritt 2	
Die Textbasis feststellen	Zeitbedarf ca. 1/2 Std.	textkritische Analyse
	Schritt 3	
Die ursprüngliche Kommunikations-situation klären	Zeitbedarf ca. 1/2 Std.	historische Analyse
	Schritt 4	
Den Zusammenhang der Texteinheit erfassen	Zeitbedarf ca. 1/2 Std.	kontextuelle Analyse
	Schritt 5	
Die Textart der Text-einheit untersuchen	Zeitbedarf ca. 1/2 Std.	literarische Analyse
	Schritt 6	
Die Begriffe und ihre Verbindung in der Texteinheit erkennen	Zeitbedarf ca. 3/4 Std.	sprachlich-grammatische Analyse

	Schritt 7	
Den Gedankengang der Texteinheit entfalten	Zeitbedarf ca. 1/2 Std.	strukturelle Analyse
	Schritt 8	
Lehrfragen der Texteinheit beantworten	Zeitbedarf ca. 3/4 Std.	biblisch-theologische Analyse
	Schritt 9	
Die Aussage der Texteinheit präzise zusammenfassen	Zeitbedarf ca. 1/2 Std.	synthetische Analyse der Textintention
	Schritt 10	
Sich der Bedeutung der Texteinheit für heute stellen	Zeitbedarf ca. 3/4 Std.	pragmatische Analyse des Textprinzips

Gesamter Zeitbedarf ca. 6 Std.
(Die Zeitangaben beziehen sich auf einen geübten Ausleger.)

Überblick über wichtige Hilfsmittel für die praktische Bibelauslegung mit Hilfe der *10-Schritt-Methode*

»EISERNE LITERATURRATION« ZU SCHRITT 1
Mit dem Text vertraut werden

Um mit dem Wort Gottes vertraut zu werden, empfehlen wir Ihnen den parallelen Gebrauch einer eher wortgetreuen Übersetzung (*Elberfelder Bibel*. Witten: SCM R.Brockhaus Verlag [www.brockhaus-verlag.de]) und einer eher übertragenden deutschen Übersetzung (*Hoffnung für alle: Die Bibel, die deine Sprache spricht*. Basel: Fontis – Brunnen [www.hoffnungfueralle.com]). Weitere Übersetzungen finden Sie als digitale Version unter www.bibleserver.com. Hilfreiche Anmerkungen zur Einführung in die auszulegende Texteinheit erhalten Sie durch die Verwendung der *John MacArthur Studienbibel*. Bielefeld: CLV [online unter www.sermon-online.de].

»EISERNE LITERATURRATION« ZU SCHRITT 2
Die Textbasis feststellen

Informationen zu den wichtigsten hebräischen, aramäischen oder griechischen Begriffen, die der deutschen Übersetzung zugrunde liegen, können Sie der *Elberfelder Studienbibel mit Sprachschlüssel und Handkonkordanz*. Witten: SCM R.Brockhaus, entnehmen.

Wenn Sie mit dem griechischen oder hebräischen Alphabet vertraut sind oder es werden wollen, können Sie auch sogenannte Interlinearübersetzungen zu Rate ziehen (*Das Neue Testament: Interlinearübersetzung Griechisch-Deutsch*. Hg. E. Ditzfelbinger, Witten: SCM R.Brockhaus, und *Das Alte Testament: Interlinearübersetzung Hebräisch-Deutsch und Transkription des hebräischen Grundtextes*. 5 Bände. Hg. R. M. Steurer. Witten: SCM R.Brockhaus).
Um Fragestellungen zur Textüberlieferung beantworten zu können, konsultieren Sie die *Elberfelder Bibel – NT: Textkritische Ausgabe*.

Witten: SCM R.Brockhaus oder die Grundtextausgaben zum Alten und Neuen Testament.

Ergänzende Literaturhinweise

K. u. B. Aland: *Der Text des Neuen Testaments: Einführung in die wissenschaftlichen Ausgaben sowie in Theorie und Praxis der modernen Textkritik*. Stuttgart: Deutsche Bibelgesellschaft (wissenschaftliches Standardwerk).

Die Geschichte der Bibel: Von den Tontafeln über Qumran bis heute. Bielefeld: CLV (Download unter www.clv.de)

A. A. Fischer: *Der Text des Alten Testaments: Neubearbeitung der Einführung in die Biblia Hebraica von Ernst Würthwein*. Stuttgart: Deutsche Bibelgesellschaft (wissenschaftliches Standardwerk).

H. von Siebenthal: »Die deutsche Bibel: Welche Übersetzung hat recht?« (Download unter http://t3.fthgiessen.de/downloads/bersetzungHvSSept2013V1.2a.pdf).

E. Tov: *Der Text der Hebräischen* Bibe*l: Handbuch der Textkritik*. Stuttgart: Kohlhammer (wissenschaftliches Standardwerk).

K.-H. Vanheiden: *Näher am Original? Der Streit um den richtigen Urtext der Bibel*. Witten: SCM R.Brockhaus.

»EISERNE LITERATURRATION« ZU SCHRITT 3
Die ursprüngliche Kommunikationssituation klären

Um fundierte Informationen über die literarische, geschichtlich-kulturelle und geografische Abfassungssituation der Texteinheit zu erhalten, sollten Sie auf *Das Lexikon zur Bibel: Personen, Geschichte, Archäologie, Geografie und Theologie der Bibel*. Hg. F. Rienecker/G. Maier/A. Schick/U. Wendel. Witten: SCM R.Brockhaus zurückgreifen und die Quartalszeitschriften *Faszination Bibel* bzw. *Welt und Umwelt der Bibel* lesen.

Ergänzende Literaturhinweise zu den Einleitungsfragen von AT + NT

D. A. Carson / D. J. Moo: *Einleitung in das Neue Testament*. Gießen: Brunnen.

W. Hilbrands / H.J. Koorevaar (Hg.): *Einleitung in das Alte Testament*. Gießen: Brunnen.

J. Thiessen: *Einleitung in das Neue Testament. Leipzig: EVA*

A.D. Baum: *Einleitung in das Neue Testament*. Gießen: Brunnen.

Ergänzende geschichtlich-kulturelle Literaturhinweise zum AT + NT

P. u. D. Alexander: *Das große Handbuch zur Bibel*. Witten: SCM R.Brockhaus.

H. Burkhardt u. a.: *Das große Bibellexikon*. Witten: SCM R.Brockhaus.

T. Dowley: *Der große Bibelführer*. Gießen: Brunnen.

J. Drechsel u. a.: *Brunnen Bibel-Lexikon*. Gießen: Brunnen.

Ergänzende geschichtlich-kulturelle Literaturhinweise zum AT

J. K. Hoffmeier / A. Schick. *Die antike Welt der Bibel: Eine Reise zu den bedeutendsten archäologischen Entdeckungen im Alten Orient*. Gießen: Brunnen.

K. A. Kitchen. *Das Alte Testament und der Vordere Orient: Zur historischen Zuverlässigkeit biblischer Geschichte*. Gießen: Brunnen.

H. Pehlke (Hg.): *Zur Umwelt des Alten Testaments*. Witten: SCM R.Brockhaus.

P. Walker: *Die Geschichte des Heiligen Landes*. Witten: SCM R.Brockhaus.

U. Zerbst / P. van der Veen: *Volk ohne Ahnen? Auf den Spuren der Erzväter und des frühen Israels*. Holzgerlingen: SCM Hänssler.

Ergänzende geschichtlich-kulturelle Literaturhinweise zum NT

F. F. Bruce/E. Güting. *Außerbiblische Zeugnisse über Jesus und das frühe Christentum*. Gießen: Brunnen.

K. Erlemann u. a. (Hg.): *Neues Testament und Antike Kultur*. 5 Bde. Neukirchen Vluyn: Neukirchener Verlag.

C. S. Keener: *Kommentar zum Umfeld des Neuen Testaments: Historische, kulturelle und archäologische Hintergründe*. 3. Bde. Holzgerlingen: SCM Hänssler.

Ergänzende geschichtlich-kulturelle Literaturhinweise zum Judentum

O. Betz/R. Riesner: *Der Prozess Jesu im Licht jüdischer Quellen*. Gießen: Brunnen.

P. Billerbeck/H. Strack: *Kommentar zum Neuen Testament aus Talmud und Midrasch*. 6. Bde. München: C. H. Beck.

M. L. Brown. *Handbuch Judentum: Antworten auf die wichtigsten Fragen aus christlicher Sicht*. Holzgerlingen: SCM Hänssler.

A. Burchartz: *Israels Feste: Was Christen davon wissen sollten*. Neukirchen-Vluyn: Aussaat.

R. Liebi: *Der Messias im Tempel: Symbolik und Bedeutung des Zweiten Tempels im Licht des Neuen Testaments*. Bielefeld: CLV (Download unter www.clv.de).

R. Riesner: *Essener und Urgemeinde in Jerusalem: Neue Funde und Quellen*. Gießen: Brunnen.

Ergänzende geografische Literaturhinweise

B.J. Beitzel: *Großer Atlas zur Bibel*. Witten: SCM R.Brockhaus.

T. Dowley: *Brunnen Bibelatlas*. Gießen: Brunnen.

P. Lawrence u. a.: *Der große Atlas zur Welt der Bibel: Länder – Völker – Kulturen*. Gießen: Brunnen.

S. Mittmann/G. Schmitt (Hg.): *Tübinger Bibelatlas*. Stuttgart: Deutsche Bibelgesellschaft.

»EISERNE LITERATURRATION« ZU SCHRITT 4
Den Zusammenhang der Texteinheit erfassen

Hilfreiche Leitlinien, um den Zusammenhang der Texteinheit präzise erfassen zu können, finden Sie in der *Wuppertaler Studienbibel AT/NT: Gesamtausgabe*. Witten: SCM R.Brockhaus oder dem *Edition-C Bibelkommentar AT/NT*. Witten: SCM R.Brockhaus. Auf diese Kommentare sollte kein Ausleger verzichten, der das Wort Gottes schrift- und textgemäß auslegen will.

Ergänzende Literaturhinweise zur Bibelkunde

B. T. Arnold u. a.: *Studienbuch Altes und Neues Testament*. Witten: SCM R.Brockhaus.

J. D. Hays / J. S. Duvall (Hg.): *Das illustrierte Handbuch zur Bibel*. Witten: SCM R.Brockhaus.

S. J. Schultz: *Die Welt des Alten Testaments*. Marburg: Francke.

M. C. Tenney: *Die Welt des Neuen Testaments*. Marburg: Francke.

P. Wick: *Bibelkunde des Neuen Testaments*. Stuttgart: Kohlhammer.

Ergänzende Literaturhinweise zu Synopsen

K. Aland (Hg.): *Synopse der vier Evangelien: (Griechisch-Deutsch)*. Stuttgart: Deutsche Bibelgesellschaft.

C. H. Peisker: *Luther Evangelien-Synopse*. Stuttgart: Bibelgesellschaft.

K. Ruckstuhl / H. Weder (Hg.): *Neue Züricher Evangelien-Synopse*. Zürich: TVZ.

Ergänzende Literaturhinweise zu Evangelienharmonien bzw. Synchronologie

Eine übersichtliche und informative deutschsprachige Kurzfassung der Evangelienharmonie von R. L. Thomas / S. N. Gundry: *A Harmony of the Gospels with Explanations and Essays*. San Francisco: Harper, 1991, bietet die *John MacArthur Studienbibel*, S. 1290-1296. Bielefeld: CLV. Hilfreich ist auch die Übersicht bei M. C. Tenney: »Harmonie des Lebens Christi«. In *Die Welt des Neuen Testaments*. Marburg: Francke. Weitere nützliche Informationen bieten

C.L. Blomberg: *Jesus und die Evangelien*. Nürnberg: VTR.

H. Stadelmann, »Sind Paulus und Lukas geschichtlich zuverlässig? Testfall Galaterbrief«, in ders., *Evangelikales Schriftverständnis*. Hammerbrücke: Jota, S. 269-292.

K.-H. Vanheiden: *Bibel-Chronik*. 5 Bde. Dillenburg: Christliche Verlagsgesellschaft.

»EISERNE LITERATURRATION« ZU SCHRITT 5
Die Textart der Texteinheit untersuchen

Um mit der Bedeutung der verschiedenen literarischen Gattungen vertrauter zu werden, sollten Sie die entsprechenden Ausführungen dazu in Ulrich Wendel (Hg.): *Dem Wort Gottes auf der Spur: 21 Methoden der Bibelauslegung*. Witten: SCM R.Brockhaus, studieren.

Ergänzende Literaturhinweise

S. Bar-Efrat: *Wie die Bibel erzählt: Alttestamentliche Texte als literarische Kunstwerke verstehen*. Gütersloh: Gütersloher Verlagshaus.

K. Berger: *Formen und Gattungen im Neuen Testament*. UTB 2532. Tübingen: A. Francke.

C. L. Blomberg: *Die Gleichnisse Jesu: Ihre Interpretation in Theorie und Praxis*. Wuppertal: R. Brockhaus.

W. Bühlmann/K. Scherer: *Sprachliche Stilfiguren der Bibel: Von Assonanz bis Zahlenspruch – Ein Nachschlagewerk*. Gießen: Brunnen.

G. D. Fee/D. Stuart: *Effektives Bibelstudium: Die Bibel verstehen und auslegen*. Gießen: Brunnen.

M. Reiser: *Sprache und literarische Formen des Neuen Testaments: Eine Einführung*. UTB 2197. Paderborn: Schöningh.

Eine umfangreiche Aufstellung von Chiasmen der Bibel bietet »The X-Files Library« unter http://www.inthebeginning.org.

»EISERNE LITERATURRATION« ZU SCHRITT 6
Die Begriffe und ihre Verbindung in der Texteinheit erkennen

Unentbehrlich für eine solide Bibelauslegung ist auch der Einsatz eines Begriffswörterbuches wie *Biblisches Wörterbuch*. Hg. U. Laepple u. a. Witten: SCM R.Brockhaus oder *Theologisches Begriffslexikon zum Neuen Testament*. Hg. L. Coenen / K. Haacker. Witten: SCM R.Brockhaus (enthält auch den atl. Hintergrund der untersuchten Begriffe).

Nützliche Hilfestellungen zur genauen Übersetzung und Bestimmung der griechischen Begriffe findet man bei W. Haubeck / H. von Siebenthal: *Neuer sprachlicher Schlüssel zum griechischen Neuen Testament: Matthäus – Offenbarung*. Gießen: Brunnen.

Ergänzende Literaturhinweise über Wörterbücher und Themenkonkordanzen

(a) Allgemein verständlich:

W. A. Elwell: *Die große Themenkonkordanz zur Bibel*. Holzgerlingen: SCM Hänssler.

R. Luther: *Grundworte des Neuen Testaments: Eine Einführung in Sprache und Sinn der urchristlichen Schriften*. Witten: SCM R.Brockhaus.

(b) Fachtheologisch

H. Balz / G. Schneider (Hg): *Exegetisches Wörterbuch zum Neuen Testament*. 3 Bde. Stuttgart: Kohlhammer (kritisch).

W. Bauer / K. u. B. Aland: *Griechisch-Deutsches Wörterbuch zu den Schriften des Neuen Testaments und der frühchristlichen Literatur*. Berlin: de Gruyter.

H. J. Botterweck / H. Ringgren u. a. (Hg.): *Theologisches Wörterbuch zum Alten Testament*. 10 Bde. Stuttgart: Kohlhammer (kritisch).

G. Fohrer u. a. (Hg): *Hebräisches und aramäisches Wörterbuch zum Alten Testament*. Berlin: de Gruyter.

W. Gesenius / H. Donner (Hg.): *Hebräisches und Aramäisches Handwörterbuch über das Alte Testament*. Gesamtausgabe. Berlin: Springer.

G. Kittel / G. Friedrich (Hg.): *Theologisches Wörterbuch zum Neuen Testament*, 10 Bde. Stuttgart: Kohlhammer (kritisch).

Ergänzende Literaturhinweise zu Grammatiken

a) Hebräisch

A. Käser / T. Dallendörfer: *Hebräische Verben: In Bildern schneller lernen*. Gießen: Brunnen.

T. O. Lambdin / H. von Siebenthal: *Lehrbuch Bibel Hebräisch*. Gießen: Brunnen.

H.-D. Neef: *Arbeitsbuch Hebräisch: Materialien, Beispiele und Übungen zum Biblisch-Hebräisch*. UTB 2429. Tübingen: Mohr Siebeck.

b) Griechisch

H. von Siebenthal: *Griechische Grammatik zum Neuen Testament*. Gießen: Brunnen.

H. von Siebenthal: *Kurzgrammatik zum griechischen Neuen Testament*. Gießen: Brunnen.

W. Stoy / K. Haag / W. Haubeck: *Bibelgriechisch leicht gemacht*. Gießen: Brunnen.

»EISERNE LITERATURRATION« ZU SCHRITT 7
Den Gedankengang der Texteinheit entfalten

Neben den Hinweisen in M. Dreytza / W. Hilbrands / H. Schmid: *Das Studium des Alten Testaments*. Gießen: Brunnen, und H.-W. Neudorfer / E. J. Schnabel (Hg.): *Das Studium des Neuen Testaments*. Gießen: Brunnen. Zur grundsätzlichen und eigenständigen Erforschung der Struktur und des Aufbaus der Texteinheit, bieten die noch im Erscheinen befindlichen Kommentarreihen *Edition-C Bibelkommentar Altes Testament*. Witten: SCM R.Brockhaus, und *Historisch – Theologische Auslegung Neues Testament*. Witten: SCM R.Brockhaus, aufschlussreiche Informationen zur Entfaltung des Gedankengangs der Texteinheit.

»EISERNE LITERATURRATION« ZU SCHRITT 8
Lehrfragen der Texteinheit beantworten

Zur gesamtbiblischen und systematisch-theologischen Betrachtung der Texteinheit empfehlen wir die Konsultation von C. C. Ryrie: *Die Bibel verstehen*. Dillenburg: Christliche Verlagsgesellschaft, und W. Grudem: *Biblische Dogmatik*. Bonn: VKW, und J. MacArthur / R. Mayhue: *Biblische Lehre*. Berlin: EBTC.

Ergänzende Literaturhinweise für die biblisch-theologischen Analyse

G. L. Archer: *Schwer zu verstehen? Biblische Fragen und Antworten*. Bielefeld: CLV (Download unter www.clv.de).

D. A. Carson: *Stolpersteine der Schriftauslegung: Wie man sorgfältig und korrekt mit der Bibel umgeht*. Oerlinghausen: Betanien.

Genfer Studienbibel. Witten: SCM R.Brockhaus.

G. Hörster: *Theologie des Neuen Testaments: Studienbuch*. Witten: SCM R.Brockhaus.

Orientierungsbibel. Witten: SCM R.Brockhaus.

Ryrie Studienbibel. Witten: SCM R.Brockhaus.

Scofield Bibel. Dillenburg: Christliche Verlagsgesellschaft.

Thompson Studienbibel. Witten: SCM R.Brockhaus.

Ergänzende Literaturhinweise zur Systematischen Theologie

A. McGrath: *Der Weg der christlichen Theologie: Eine Einführung*. Gießen: Brunnen.

M. Lloyd-Jones: *Studienreihe über biblische Lehre*. 4 Bde. Waldems: 3L-Verlag.

E. Mauerhofer: *Biblische Dogmatik*. 2 Bde. Nürnberg: VTR.

Ergänzende Literaturhinweise zur Ethik

H. Burkhardt. *Ethik*. Bd. I-III. Gießen: Brunnen.

C. Hermann (Hg.). *Leben zur Ehre Gottes: Themenbuch zur christlichen Ethik*. 2 Bde. Witten: SCM R.Brockhaus.

T. Schirrmacher: *Ethik*. 8 Bde. Nürnberg: VTR.

»EISERNE LITERATURRATION« ZU SCHRITT 9
Die Aussage der Texteinheit präzise zusammenfassen

Zur Formulierung des Textthemas und der Erstellung der Textgliederung finden Sie unter anderem in den einschlägigen Kommentaren hilfreiche Anregungen. Empfehlenswert und allgemein verständlich sind zum AT die Kommentare der *Wuppertaler Studienbibel AT*. Witten: SCM R.Brockhaus; *Edition-C Reihe AT*. Witten: SCM R.Brockhaus (im Erscheinen befindlich) und die *Studien des Alten Testaments*. Dillenburg: CV und zum Neuen Testament die *Wuppertaler Studienbibel NT*. Witten: SCM R.Brockhaus; *Edition-C Reihe NT*. Witten: SCM R.Brockhaus und der *John MacArthur Kommentar NT*, Bielefeld: CLV (im Erscheinen befindlich – Download unter www.clv.de).

Bitte beachten Sie auch die vielfältigen und zahlreichen Gliederungsvorschläge zu den biblischen Texteinheiten in der *Elberfelder Bibel: Praxisbibel Lehre und Verkündigung*. Witten: SCM R.Brockhaus.

Ergänzende Literaturhinweise

H. W. Robinson: *Predige das Wort: Vom Bibeltext zur lebendigen Predigt*. Dillenburg: Christliche Verlagsgesellschaft.

H. Stadelmann: *Kommunikativ predigen: Plädoyer und Anleitung für die Auslegungspredigt*. Witten: SCM R.Brockhaus.

»EISERNE LITERATURRATION« ZU SCHRITT 10
Sich der Bedeutung der Texteinheit für heute stellen

Hilfreiche und weiterführende Informationen für die exegetische Arbeit finden Sie z.B. unter:

https://www.bibelentdeckungen.de/
https://fagat.afet.de/
https://www.bibelwissenschaft.de/startseite/
https://www.evangelium21.net/

https://bibelbund.de/
https://www.ixtheo.de/
https://bibelsoftware.theologie.uni-mainz.de/

uva.

Ergänzende Literaturhinweise zur Übertragung und Anwendung

H. Afflerbach: *Die heilsgeschichtliche Theologie Erich Sauers*. Witten: SCM. R. Brockhaus.

H. G. u. W. D. Hendricks: *Bibellesen mit Gewinn: Handbuch für das persönliche Bibelstudium*. Dillenburg: Christliche Verlagsgesellschaft.

B. Schwarz / H. Stadelmann (Hg.): *Christen, Juden und die Zukunft Israels: Beiträge zur Israellehre aus Geschichte und Theologie*. Frankfurt: Peter Lang.

H. Stadelmann: *Evangelikales Schriftverständnis: Die Bibel verstehen – der Bibel vertrauen – der Bibel folgen*. Hammerbrücke: Jota.

H. Stadelmann / B. Schwarz: *Heilsgeschichte verstehen*. Dillenburg: Christliche Verlagsgesellschaft.

H. Stadelmann: *Epochen der Heilsgeschichte: Beiträge zur Förderung heilsgeschichtlicher Theologie*. Wuppertal: R. Brockhaus.

J. Thiessen: *Gott hat Israel nicht verstoßen: Biblisch-exegetische und theologische Perspektiven in der Verhältnisbestimmung von Israel, Judentum und Gemeinde Jesu*. Frankfurt: Peter Lang.